先獨立，後愛人

戴登雲——著

序言

其實，我也離過婚

二〇一二年，三十二歲那年的夏天，我帶著兒子離開了那個家。湊夠了頭期款，貸了款，我買了一間老舊的小房子，當時，我的口袋裡只剩幾十塊錢。我沒空整理離婚後的心情，就一頭撞進了生活的柴米油鹽裡。

我第一次感受到沒錢的恐慌，是在某一天早上，刺眼的陽光從窗簾的縫隙裡擠進來，我睜開眼睛，腦子裡迅速計算著我每天要還多少貸款，人民幣八十四塊錢。而我的薪資，是每天一百二十塊錢。這剩餘的幾十塊錢，就是我和兒子一天的生活費，我得精打細算著用這些錢換取最大的利益。

我來不及哀傷，來不及哭泣，就切實地感受到生活的窘迫，經濟緊張，捉襟見肘。我就像一個旅人，在大風大雨裡艱難地跋涉前行，肩上扛著生活的重擔，一手拉著兒子，一手幫兒子撐傘。

可是，我面臨的考驗，不僅僅是生活的磨礪。等到開學上班之後，身處人群之中，我突然感覺到莫名的恐慌，常常陷入自我責難和自我否定裡。

我羞於告訴別人，我離婚了。

我也不希望別人知道，我離婚了。

那時的我，還是沒想通：我不優秀嗎？我這個人很差勁嗎？為什麼我會把日子過成這樣？我把自己看得非常低，覺得自己孤苦無依，一個女人，一個單身媽媽，獨自帶著兒子生活，將來會怎麼樣？

每一天，我都忙得像陀螺，高速旋轉。我上完課要改作業，回家要洗衣做飯，要照顧兒子，每天忙得腳不沾地。但我驚訝地發現，我學會了統籌安排，生活也激發了我的潛能，我可以把細碎繁雜的日常安排得有條不紊。

那時候，所有人對我的印象都是說話快、走路快、做事快，風風火火，幹什麼都像打仗似的。

我還想盡辦法賺錢：

在網站上答題，答對一題賺人民幣五毛錢、一塊錢。

在夜深人靜時，一字一句寫文章，四處投稿賺取稿費。

幫有需求的人寫微信公眾號文章。

幫別人編輯書籍、撰寫書稿、編纂教材。

寒暑假，在閨蜜的培訓班裡幫忙。

我在世俗裡摸爬滾打，我彎下腰在地裡刨食。我憑自己的本事賺錢，日子雖忙雖苦，但是，獨立自由，安寧踏實。

我向來認為，一個人生活並不孤獨，兩個不合拍的人在一起生活，那才是真的孤獨。

我在不長的時間內，調整了自己的心態，接受了自己已經離婚的事實，而且，我開始享受離婚後的日子，儘量把日子過得不那麼粗糙。

我一直堅持每天閱讀書籍。

我一直堅持寫文章的習慣，工作再忙，我也會保證兩天寫出一篇文章。

我開了一個公眾號，把興趣做成事業。

我學會了很多菜的做法，我知道菜市場上的蔬菜價格，和菜市場的商販成了朋友。

我養了花花草草，雖然不是名貴的品種，但易於侍弄。

我陪孩子一起鍛煉，一起學習，和孩子成為朋友。

我用半年的時間減肥成功，從六十公斤減到四十九公斤。

我積極鍛煉，熱愛長跑，參加馬拉松，生活自律。

走著走著，半生已過，但我覺得自己依舊年輕。

這是我的第一本書，我把「我的前半生」講述給大家聽，不是賣慘，也不是標榜。我從來不感謝離婚，不會感謝傷害我的人，也不會感激生活帶給我的所有刁難。我只感謝，一直努力的自己，一直拼命往前走的自己。我們都要相信，路會越走越寬廣，越走越穩當。

這篇文章，寫給自己。以後的我，不念過往，不懼將來。往事不回頭，餘生不將就。

這篇文章，也寫給正在閱讀的你。願你學會獨立，能愛人，更愛自己。

目錄 CONTENTS

3 認同的關係，磨合的婚姻

目錄 CONTENTS

目錄 CONTENTS

1

愛別人之前，請先學會愛自己

愛自己，是人一生的必修課。
不念過往，不懼將來，
過好每一天，踏踏實實走好每一步，
你會越走越寬廣，越走越穩當。

當你控制了體重，就控制了人生

01

我喜歡的作家王祥夫曾經說過一段話，大意是：「人類的殘酷乃在於，女性的文憑似乎就是掛在臉上，漂亮的臉就是大專畢業生乃至博士生，不怎麼漂亮的臉也可以是專科生，如果長得醜陋，那她無論怎麼努力也拿不到小學畢業證書。」這句話令人氣憤，但卻不無道理。

而我，就是那個從小到大長得都不怎麼漂亮的女孩。一直以來，當別人誇我時，用的詞彙都是「聰明」、「善良」、「有才」，反正不會跟「美麗」掛鉤，和容貌有關的誇獎最多是「髮質還挺好的」、「腿挺長的」，再無其他。

在我走過的人生道路上，作為一個不太好看的女孩，有時候不得不面對一些事情。

很小的時候，左右鄰居就誇我弟弟長得好看，像女孩子似的，說我就長得有些像男孩子了。這是真的，我的弟弟遺傳了我爸的瘦長臉、雙眼皮和我媽的小鼻子、小嘴巴，而我遺傳了爸媽外貌上的所有缺點。我有時候在想，我爸媽生的第一個孩子應該是試驗品，到了我弟弟才是正品。

初中的時候，大家情竇初開，身邊的女生有收到小紙條的，有收到情書的，有收到各種禮物的，而我什麼都沒有收到過。

02

其實，我小時候並不胖，起碼小學、初中階段不胖，甚至算是挺瘦的。初三畢業體檢，我的身高是一百六十公分，體重是四十七公斤，標準吧？只是腦袋大，臉大，像一根巨大的火柴。

我是什麼時候開始發胖的呢？讀師範一年級時，我的體重猛然飆升，體積變得龐大，一度到了六十公斤。每次體育課量身高、體重都是我的噩夢。畢竟那時是青春期，我很敏感，生怕身邊喜歡的男孩子知道我的肥胖指數。因為胖，我幾乎不會穿亮顏色的衣服，一般都是黑色和灰色。也不會在髮型上特意地修飾，不會用那些亮閃閃的髮飾和蝴蝶結，生怕別人說我「醜人多作怪」、「胖子花樣多」。

那時候看武俠片，我就有個秘而不宣的夢想：能夠被一個愛我的美男子攔腰抱起來轉圈，一邊轉一邊溫柔地看我。

等我漸漸長大，我才明白夢想跟現實是有差距的，且不說沒有勇武英俊的男子愛上我，就以我的體重，大概也沒人敢冒著脫臼的危險嘗試，還有我那滿臉的痘痘，也沒人能做到長久地凝視。

剛剛進入職場時，我相親過，對方也是個老師。在雙方家長以及媒人的見證下，我跟他機械、客套地見了面。我瞄了他一眼，肯定地判斷出，他的個子絕對沒我高。隔日，媒人傳話給我，男老師說：「她看起來挺樸實的，挺適合過日子的，談也可以談……只是，能不能讓她減減肥。」

別問我然後怎麼樣了，因為沒有然後。

之前，我寫的一篇文章紅了，連《人民日報》也轉載了，本地電視臺想來學校採訪我。我本來拒絕了，但禁不住校長再三勸說，於是便接受了採訪。我知道我的臉大，上鏡的話很吃虧。但我萬萬沒想到，竟然會難看到變形的地步，電視上，我的臉幾乎是現實中的兩倍寬了，連我媽都說：「怎麼胖成這樣了？」

採訪一播出，我收到了很多「有福相」、「有才華」的讚美。我知道，這是對「胖」的比較體面的說法。但也有人不給我體面，我到今天都記得，一個叫「海」的男人盡情地拿我的胖開玩笑，說什麼面如滿月，胖到變形。

我一直拙於言，又苦於真的胖，不好意思反駁。我若生氣，這個男人一定會指責我「太在意自己的形象」、「竟然還有偶像包袱」等等。總之，話都是他說的，怎麼說他都有理。可事實上，他自己是一個一百多公斤的大胖子。

你看，就是這麼不公平。

03

那些說「心靈美，才是真的美」的雞湯，你要是相信那就太天真了。心靈固然要美，但並不是每個人都願意透過不好看的皮囊，去碰撞你有趣的靈魂。

我後來悟出一個道理：容貌改變不了啦，我也沒那麼多錢去整容，相比較而言，瘦身比整容容易得多了。假如臉蛋不夠漂亮的話，那就在減肥上下功夫。

在我深感「胖」這個標籤會在我的人生道路上起到很多負面作用後，我便下決心去減肥。不過，決心有，行動有，可我減肥的效果幾乎沒有。

都說管住嘴、邁開腿，但我大多是從嘴上下功夫，進行節食，少吃、不吃，硬生生地餓著自己。一家人在桌前大快朵頤，而我只能在旁邊啃蘋果，口水直流三千尺。終於有一天，我餓到頭昏眼花、四肢無力的時候，實在忍不住了，拿起家裡的蛋糕、火腿腸，一個接一個，一根接一根……終於吃飽了，恢復了元氣。

後來，我就覺得一日三餐都不吃是不行的，乾脆早飯、午飯正常吃，晚飯不吃，也就是過午不食的減肥法。那個滋味啊，不吃晚飯，長夜漫漫，肚子餓得咕咕叫，恨不得衝出房間把冰箱吃掉。我忍了又忍。一個星期之後，我一量體重，仍是沒有任何的變化。我覺得一週的努力都白費了，深夜饑餓的煎熬全都付諸東流。

後來，有美容院的朋友神秘兮兮地推薦給我某減肥藥，說是天然的、健康的，不運動、不節食，沒有任何副作用。我如獲至寶，花大價錢買來，按說明書服用。結果，我上班精神恍惚，晚上失眠多夢；我心跳加快，甚至能聽到心臟在「撲通、撲通」地跳的聲音，彷彿要從喉嚨裡蹦出來似的。我嚇得不敢吃了。

就從那時候，我開始放棄減肥，還勸慰自己：胖就胖吧，幹嘛折騰自己？健康最重要。從此減肥是路人。

04

後來有一次，我去醫院體檢，身體的多項指數都不及格，我的健康亮起了紅燈。醫生也告訴我該減肥了。我開始正視自己腰間的贅肉，肥厚的臂膀，正視自己飆升的內臟脂肪。我下決心，一定要在三十九歲這一年減肥成功。我找來許多資料，綜合處理資訊，制定適合自己的減肥方案。

我反對節食，反對餓肚子。節食不會讓人瘦，相反，還會讓人更肥胖。最關鍵的是，就算靠不吃飯減輕了體重，等恢復了飲食，會很快反彈回來，甚至更胖。

我明白了，只要吃對了食物，就算不運動，也會讓人瘦下來。所以呢，我的一日三餐，準時吃飯。只不過，我把我喜歡的米麵等食物，放在早上吃，直到吃飽為止。中午，我跟家人一起吃飯，他們吃什麼，我就吃什麼。只不過，我有意識地少吃豬肉、羊肉，多吃魚、蝦、雞肉等，蔬菜隨便吃。當然了，我家的廚房是我負責，在做菜的時候，我會注意烹調方式，控油控鹽。午飯我不會吃撐，只吃八分飽即可。最重要的是晚飯，我在晚飯時絕對不碰米麵等精緻碳水，一般以蛋白、蔬菜、粗糧為主。晚上七點之前，我會結束晚飯，之後不會吃任何東西。

說得簡單點，我一天的食物安排是這樣的：早碳水，午蛋白，晚蔬菜。還要戒零食、油炸食品、垃圾食品、奶茶、宵夜。我每天早上起床會喝一大杯溫開水，白天的飲料就是綠茶，綠茶不僅沒熱量，而且我認為對排便也有好處。

所以說，好好吃飯，真的可以瘦下來。

05

俗話說：管住嘴，邁開腿。這句話雖然是老生常談，但絕對有道理。飲食和運動必須同時進行，減肥的效果才最佳。

於是，我試著去跑步。

我被一個好友拉進了一個跑步群組，裡面全是跑步愛好者。當時我就感慨：人呀，總得有點興趣愛好。有人喜歡讀書，有人喜歡喝酒，有人喜歡打麻將，有人喜歡跑步……我佩服他們的自律，把跑步當作生活的一部分，像吃飯、睡覺一樣正常，每天都堅持打卡。

之後的每天晚上，我換上運動鞋，跑去體育場，果真碰到了不少跑友，我跟著他們有節律地邁步、呼吸，我忽然間有了前所未有的暢快和自信。

我一直堅持著，從一公里，到三公里，再到五公里、八公里……每次我發現自己跑得更遠的時候，我都覺得不可思議：這是我嗎？這是那個從不運動的我嗎？這是那個連八百公尺都跑不完的我嗎？原來我也可以跑！真的成就感滿滿！跑步，真的是一項可以發現自我、挖掘自我、挑戰自我、突破自我的運動。

你問我跑步的收穫是什麼？

我不會講大道理。我只能說，我的腰腹部緊實了，線條出來了，人也瘦了好多。而且，身體狀態好了不少，肩膀、背部再也沒有疼過，我的頸椎病也沒復發過。在跑步的過程中，我徹底放空了自我。那一刻，我不是老師，不是媽媽，不是公眾號作者。我不需要思考、備課、改作業，不需要考慮油鹽醬醋，不需要構思起承轉合。

我屬於跑道，屬於清風，屬於自己。

06

除了調整飲食和適量運動之外，我還要補充幾個減肥的小竅門，是我自己總結出來的一點實際經驗，希望對你有用：

一、吃完飯，別急著坐下、躺下。我在飯後半小時之內，一定是站著的，而且，我會靠牆站十分鐘。靠牆站，背部、腿部緊貼在牆面上。別看不起這個小動作，它真的可以幫你減去小肚子。你也可以五分鐘一次，分兩次做，中間休息三十秒。

二、吃完晚飯，我會立刻刷牙，抱持口腔清新，這樣的話，一直到睡前我都不願意再吃東西了。就算孩子在吃零食，我再嘴饞，也不會去吃。潛意識裡，我告訴自己：我都刷牙了，不吃了。

三、吃慢一點，嚼細一點。還有，吃飯時別追劇，追劇的後果就是你在不知不覺中吃下更多的東西。

四、想吃垃圾食品的時候，就立刻站起來，去陽臺看看風景，或者聽聽音樂，讓自己冷靜下來。

五、時刻保持「我要動一動」的警惕性。比如我陪孩子一起看書，每隔二十分鐘，我會站起來走一走。做飯的時候，鍋裡燉著湯，我就在廚房用彈力帶進行肩背運動。

六、運動時，挑一首很嗨的音樂，會讓你感到興奮，充滿動力。

七、運動出汗之後，去洗個澡，敷個面膜，那感覺實在是太舒服了，彷彿處處桃花開。

八、減肥藥沒用！減肥藥沒用！減肥藥沒用！別浪費錢糟蹋自己的身體。

九、將目標細化，把「我每天要運動」變成「我今天要跑步三公里，我要跳繩一千下，我要開合跳一百個，我要靠牆站十五分鐘」。

十、記得每天照鏡子，誇獎一下自己。減肥、塑身很不容易，學會讚美自己、欣賞自己，會成為繼續堅持下去的動力。放棄不難，但堅持下去更酷。

07

我用了半年的時間，從六十公斤的胖子變成了四十九公斤的瘦子。瘦下來的感覺真好啊，人不但會變得輕盈、自信，連帶著連氣質也會變。減肥、自律，會讓你遇見更健康、更美好的自己。如果你無法接受肥胖的自己，那就快快改變。當你真的瘦下來之後，你會熱淚盈眶，你會感激那個拼命的自己。

總有人要瘦的，為什麼不能是你呢？

每一個減肥成功的人，都是狠角色。當你控制了自己的體重，也就意味著，你可能控制了自己的人生。

把自己打扮漂亮，是了不起的才華

01

好友栗子告訴了我一件淒涼的事情。

週六早上，栗子睡了個懶覺，直到十點半才悠然地醒來，拿起手機，看見好友發訊息過來說中午要請她吃火鍋。

栗子剛好肚子餓，一看有人要請客，連忙爬下床，胡亂地洗了把臉，隨便套了件大T恤就出門了。

到了火鍋店，大家張羅著點菜，好不熱鬧。正吃得開心時，栗子無意間一抬頭，發現有個人進店了，定睛一看，正是她前男友！想來分手已快半年，分手時兩人還鬧得不怎麼愉快。

他居然也來吃火鍋，身邊還跟著一個女孩，應該是他的新女友。年輕的面容，衣袂飄飄，略施粉黛，巧笑嫣然。相比之下，栗子的樣子就「樸素」了，素顏，頭髮沒洗，衣衫也沒那麼精緻，就是以這樣的面貌出現在往日深愛的人面前。兩個女生一對比，起碼栗子在形象上就差了一大截。

以我對栗子性格的瞭解，可想而知她當時的心情，如冷冷的冰雨在臉上胡亂地拍，差點錯亂。

很明顯，前男友也看到栗子了，眼神騙不了人。栗子多麼希望前男友沒看到她啊！用句小學作文裡的金句形容栗子，那就是「恨不得挖個地洞鑽進去」，想死的心都有了。

造化弄人，偏偏在自己「樸素」的時候遇見了最不想見到的人。誰願意碰到前男友啊？可是如果真碰到了，女生的小心思：誰不希望自己以嫵媚動人、光彩照人的形象出現在他面前證明自己依然過得很好？

栗子鬱悶不已，她告訴我說：「偏偏那天我沒修飾自己，也沒化妝，看到我那副不修邊幅的樣子，他會不會以為我沒了他過得很潦倒啊？」

對女生來說，有一種出醜叫「不修邊幅卻遇到前男友」。

栗子說，她要吸取教訓，以後就算下樓倒垃圾，她也要塗脂抹粉，一定要時刻保持形象，說不定會遇到舊情人或新仇人呢？

正所謂輸人不輸陣嘛！就算日子過得再怎麼苦，再怎麼不盡如人意，我們呈現在這個世界上的姿態也要光鮮亮麗。

02

當然，女人要漂亮，絕不是為了給前男友看。其實，讓自己變得漂亮，是給自己的力所能及的禮物。畢竟妳是自己生命裡唯一的女主角啊！

記得初出校門，進入職場時，蘇蘇跟我一起進了同一所學校。都是二十左右的年紀，都是拿著相同薪資，都年輕，都沒錢。

那時的我，不知化妝為何物，穿衣打扮沒個章法，要嘛老氣橫秋，要嘛低齡幼稚。

可是，蘇蘇給人的感覺卻不一樣，她總把自己打理得很乾淨，看起來漂亮大方。當我還是紮著馬尾辮的時候，她已經把長長的頭髮燙成了大波浪，恰到好處地披在肩上。當我只用無色的潤唇膏時，她已經懂得隨身帶著不同顏色的口紅便於改變氣色。她的眉毛修得符合她的臉型，整個人顯得越發眉清目秀。

學校開運動會時，她身穿一套簡單、青春的運動裝，亮眼的橙色很襯她白皙的皮膚。我還記得她上公開課時，著藕粉色的襯衫，下襬被紮進黑色的A字裙裡，突顯她玲瓏的腰身，亮閃閃的小高跟鞋上沒有一絲灰塵。就這一身知性自信的打扮，已經給了後面聽課的老師良好的印象分數。

休假的時候，我們一起逛街。她經常帶我逛服飾店，就算是平價小店，她也會教我如何選擇CP值高的衣服。但當時我心裡不是很認同她：教師的薪資並不高，何必在打扮自己上花費太多金錢呢？再說了，平時我們只是在一群小學生面前上上課而已，誰會在乎我們的打扮？

後來有一天，蘇蘇跟我說：「也許我們還年輕，沒有多少錢，沒有房子，沒有男友，但是起碼我有一個最好的自己。看著鏡子裡打扮漂亮的自己，我會更加好好對待自己、對待生活。儘管現在一無所有，至少我有一個美麗的姿態。這個姿態，足以讓我充滿自信地面對我的未來。」

聽了蘇蘇的話，我恍然大悟。

只有認真對待自己的人，才會認真對待生活，認真對待世界。一個能把自己打扮漂亮的人，一般情況下，她做什麼事都會很漂亮，因為把自己打扮漂亮，本身就是一種了不起的才華。

女人漂亮地活著，是一種生活的姿態。

03

小楠是我從小一起長大的玩伴，一年前老公出軌，她毅然離婚，她用手上為數不多的存款付了頭期款，貸款買了房子，獨自撫養剛上幼稚園小班的女兒。

當我再見到她時，不禁暗生佩服。在平常的印象中，一個離異帶孩子的女人，日子總歸是有些艱難的，無論是物質還是精神。但是，小楠卻沒有我想像中的邋遢、一蹶不振。相反，眼前的小楠容光煥發，人顯得格外有精神，甚至看起來比同齡人還要年輕幾歲。

當時她正在跟女兒講繪本故事，聲音是一如既往的溫柔，粉白的上衣跟她女兒粉色的連衣裙相互映襯，相得益彰，真是一對母女花。

小楠告訴我，就算下午四點去超市買當天打折的蔬菜水果，就算只是出門半個小時就回來，她也一定會穿搭好衣服、化好妝。「我要漂亮地活下去，就算之前遇人不淑，我也不能虧待自己，也不能失去愛人的能力。」小楠說。

女人愛漂亮，不是為了取悅誰，只是為了活成更好的自己。把自己收拾漂亮，是一種能力，是對生活不放棄的表現，是對未來充滿希望。

女人為什麼要漂亮？為了自尊。有句話我不記得出處了，大意是：時尚的價值就是讓妳在人生中最糟糕的時候也能自我感覺良好，這是一個人修養和教養的一部分。

就算遭遇坎坷，背負難言的委屈，咽下難啃的骨頭，也要認真地、精緻地、持之以恆地、體面地過一生。無論什麼境地，都保持漂亮的女人，她所展示的是內心的堅持和強大。

「而且，作為一個媽媽，保持得體的妝容和良好的精神面貌，尊重自己，尊重他人，也是在無聲地教育孩子、感染孩子。」小楠看著女兒對我說。

是啊，媽媽會打扮，代表一個女人對生活的態度和審美的品位，無形中，也讓孩子學會善待自己，熱愛生活。

保持美，是一種習慣，一種態度，一種修養。

04

記得以前很紅的韓劇《來自星星的你》中，千頌伊有段時間被公司冷凍，但是她到公司簽合約時，著一身氣場強大的黑衣，穿一雙精緻的高跟鞋，戴一副超酷的大墨鏡，給公司的高層帶來了一定的壓力，感覺她隨時可以東山再起，不容小覷。

蘇菲亞・羅蘭曾說過：「女人的衣服應該如同一條帶刺的柵欄，既能展現她們外在的風情，又能保護好內裡的無限風景。」

把自己打扮得漂亮，其實也隱含著一種「將自己的人生經營成什麼樣子」的能量。在別人看來，妳的形象是什麼，就是在傳達什麼。在職場上，在社交上，妳的形象不僅僅是展示自己的美麗，它也代表著妳願意帶給別人什麼樣的印象，從而決定在別人眼中，妳是有價值的還是沒有價值的。

三十歲以後還沒結婚，那又怎樣？

01

有個女孩留言給我說：我是別人眼裡的大齡剩女，感覺日子過得毫無意義。說實話，我見不得我的讀者有這種消極的想法，於是回覆給她我的微信帳號，她加我好友之後，我們聊了起來。

她叫小夢，「八〇後」，在周圍的人看來，她是一個名副其實的大齡剩女。她說自認長相不算醜，也有一份穩定的工作，可就是感情不順。

在「〇〇後」都開始談情說愛的今天，小夢還沒有男友，不得不說有點淒涼。其實，小夢進入職場不久時，也交過一個男友，他們交往了一年多。就在談婚論嫁之前，她無意中發現男友劈腿了，同時跟多個女人保持著不正當的曖昧關係。

小夢覺得她可以不計較對方有沒有房子、能不能賺大錢，她也可以忍受每天為他端茶遞水、鋪床疊被，卻無法接受這個男人悄無聲息的背叛，於是她果斷分手。

在分手之前，小夢的爸爸媽媽還表示反對，他們對小夢說：「又沒真的抓到，男人嘛，經常聊不正經的內容很正常。」言下之意是要小夢把苦水吞到肚子裡去。表示萬一錯過了，找不到比他更好的男人怎麼辦？

但小夢堅持要分手，人品差、不專一的男人她堅決不要。

分手之後，小夢也相親過幾次，可是基於各種原因，都沒能遇上心儀的人。隨著年齡的增長，小夢的日子也越來越難過。

02

在公司裡，小夢經常成為同事們消遣的對象，他們說的話，真的很難聽：

「妳都這麼老了，怎麼還沒人要……。」

「現在的女孩，談個戀愛真費事，不知道要挑怎樣的男人……。」

「姐是過來人，勸妳一句，女人啊，過了三十歲，就沒人要了……。」

這些話把小夢氣得想哭，卻不能哭，不能生氣，不能著急。她若是生氣了，同事們又會在背後嘀咕：大齡剩女性格怪異，太敏感、太極端，不好惹啊。最後得出結論：脾氣這麼差，怪不得找不到男友。

聽到這些話，小夢很傷心，然而，最讓小夢難過的是她的爸媽。他們每天都在飯桌上碎念，誰家的女孩釣了個金龜婿，誰家的閨女嫁了個好人家……。一番誇張的、帶著羨慕的描述之後，總以「妳再看看妳，這麼大個人，還嫁不出去」來收尾。

週末放假，小夢想在家休息，結果她爸媽又會說出各種難聽的話：

「放假不去認識男人，一個人待在家裡幹什麼？」

「自己一個優點也沒有，還看不上別人，妳有什麼資格挑？」

「有人看上妳就是萬幸了，還不快點抓住機會，隨便找一個結了算了。」

小夢無助地問我：大齡剩女在他們眼裡，是不是比殺人犯的罪孽還深重？

03

聽完小夢的話，我火冒三丈。都什麼年代了，還有「女孩子過了三十歲就不值錢了」的言論？把女性和錢聯繫在一起，這就是在物化女性啊！

難道大齡女性就沒資格被愛，沒資格追求自己想要的感情？

我真心不覺得那些愛八卦的同事們比小夢美好。我想，她們的婚姻，也許有停不下來的婆媳之爭，有無法平等相處的夫妻之道，有鉤心鬥角的妯娌之戰，她們的煩心事一點都不比小夢少。但當她們披上結婚的外衣時，就覺得有資格向外人展現一個「真理」——有了婚姻，生活就會變得甜美起來。而沒結婚是這些「小夢們」顯而易見的軟肋，所以她們忽略了生活給予自己的刁難，轉而把矛頭一致對準「小夢們」。

憑什麼？

就因為她們是在三十歲之前結婚生子？就因為她們是在自己最值錢的年齡把自己嫁出去了？所以，可以理直氣壯地鄙視大齡的「小夢們」，成為封建陋習的幫兇？

04

我並不是說結婚的人一定不幸福，而沒結婚的人一定幸福。我只想說，生而為人，各有各的不容易，相煎何太急？

妳看春天裡的花朵，被春風一吹，極盡綻放，妖嬈多姿。可這並不是因為春風一聲令下：「時間到了啊，大家一起開花！」花開，有它的時間，或早或晚；有它的花期，或長或短，各不相同。那麼，結婚也一樣，誰規定女性一定要在多少歲之前結婚？否則，天理不容？

女人，不是超市裡的大白菜，不是讓人挑挑揀揀的物品。女人是獨立的自我，不需要依附婚姻和男人來體現自己的價值。不管是男人還是女人，都要活出自己的價值。

所謂「價值」，是要看妳是個什麼樣的人。如果妳有氣質、有內涵、有素養，即使到了八十歲，妳一樣風情萬種、光芒四射；如果妳是個沒閱歷、沒深度、沒涵養的人，即使妳現在是十八歲妙齡，那也讓人無法喜歡。

05

結婚，是找到了想結婚的感情，而不是到了要結婚的年齡。

生活是沒有範本的，生活是不可複製的。自己喜歡的日子，就是最美的日子。適合自己的活法，就是最好的活法。旁人沒有理由看輕妳，妳也沒必要看輕自己。

在緣分沒到的日子裡，妳要刻苦讀書，謙卑做人，不斷地提升自己，不為任何人，只為自己。養得深根，日後才能枝繁葉茂。

妳不需要對感情和婚姻不抱希望，妳要相信，那個正確的人正在前方不遠處等妳，妳要有點耐心。等待有時候是徒勞的，但在更多的時候，等待是非常有必要的。

另外，我想說，「大齡剩女」這個詞是我十分反感的一個詞。什麼是「剩」？被誰「剩」？這是錯誤的說法，所以，我告訴小夢，當有人再對妳說「女孩子過了三十歲就不值錢了」的時候，妳不必理會他。

三十歲怎麼啦？本人的日子過得可滋潤呢！

愛情要有，麵包也要有

01

女孩，當妳說「麵包我有，你給我愛情就好」的時候，妳是好女孩，又是傻女孩。妳要知道——麵包，妳可以不要，但他不能不給。一個連麵包都不給妳的男人，他也給不了妳愛情。

我的表妹甜甜經人介紹，認識一個男孩子，兩個人一見鍾情，最近幾個月在談戀愛。對方是工科男，從事著一份不錯的工作，相應地，薪水也自然不錯。

我這麼說，不是為了強調對方的物質條件可觀，事實上，甜甜家的條件更優渥些，家裡車房俱備，她的爸媽早就幫寶貝女兒備好了一份豐厚的嫁妝。

據甜甜說，男友對她很用心，每天微信嘀嘀地響個不停，電話也不斷。下雨了、天涼了、夜深了，男友都會噓寒問暖，叮囑甜甜照顧好自己，言語裡滿是關愛，兩個人一直比誰甜蜜。

但相處時男友總有讓甜甜心裡不舒服的地方，就是他無法理解她的購物欲：

甜甜想買一支唇膏，男友說：「妳又不是沒有唇膏，用得著再買嗎？」

甜甜看中了一雙鞋子，男友說：「妳個子那麼高，穿著高跟鞋更像踩高蹺，再說這個牌子的鞋子值這麼多錢嗎？」

甜甜想買條裙子，男友說：「快冬天了，穿什麼裙子？」

甜甜很無語，因為說這些話的前提是——無論是唇膏、鞋子，還是裙子，價格都在他倆經濟條件能承受範圍之內，況且甜甜一直都沒打算讓男友付帳。

天氣涼了，一天晚上，甜甜跟男友說：「走吧，我們去喝奶茶、吃甜點。」這本來是一件開開心心的事，但男友語重心長地對甜甜說：「我還是喜歡妳樸素的樣子，妳這樣太敗金，太虛榮了。」甜甜很納悶，一份甜點和一杯奶茶不過多少錢，怎麼變成太敗金、虛榮的層面了？

甜甜生日的時候，男友事先跟甜甜說：「我這個人從來不在乎什麼節日。」言下之意是告訴她，要在一切讓女生有所期待的節日裡死了心，別指望他會帶來什麼驚喜。

甜甜感到很是委屈，但她又無從反駁。細想起來，除了第一次見面，男友送了自己一小盒玫瑰肥皂花之外，好像至今沒送過其他禮物。

02

好在甜甜在錢方面向來不怎麼計較，唇膏可以自己買，鞋子可以自己買，裙子也可以自己買。當然，生日聚會也可以自己辦。

甜甜的生日聚會最後是在一家飯店的包廂裡舉行的，表兄弟姐妹都到齊了，幾個閨蜜也在，當然還有甜甜的男友，整個過程都非常愉快。

在我們面前，男友拍著胸脯連連表示要一輩子對甜甜好，掏心掏肺的好！甜甜依偎在男友身旁，羞澀地笑了。

聚會快結束的時候，我溜出去上廁所，卻驚訝地發現甜甜一個人正在櫃檯前結帳，當時我愣住了。因為在剛才的餐桌上，甜甜男友的言語和舉動讓所有人都以為這桌是他請的，包括我。

我問甜甜這餐究竟是誰請的，甜甜承認是自掏腰包，她天真地覺得管他誰請，他對我好不就行了。她俏皮地對我眨眨眼睛說：「表姐，麵包我自己有，他給我愛情就好了呀！」

我覺得甜甜太傻。

03

男人和女人之間的感情，雖說不是用金錢可以衡量的，但是可以用他為妳花錢的態度衡量。

我最討厭男人一方面想佔據一個女孩子所有的情感，一方面卻要求女孩子獨立自強。嘴上說愛妳，心裡卻在算計著為妳買一塊解饞的麵包、一支喜歡的唇膏的消費值不值得。這樣的人，妳說他是愛妳的嗎？

雖然他有甜言蜜語，他會噓寒問暖，但是，這樣只花流量的體貼和只費口舌的愛意實在是太廉價了，還不如一份甜點來得溫暖而實在。

有些人也許會說：一份甜點不貴，一頓生日餐也花不了多少錢，自己付錢不行嗎？

對於這樣的問題，我只能奉還給你一個白眼。我能請得起一頓飯，但我還是希望你替我過生日，因為你是我男友，我把你放在我未來的人生規劃裡，我想要被你重視的感覺。

04

我希望甜甜想一下這樣的男友值不值得託付，結果沒多久後的一個晚上，甜甜哭著打電話給我，說她跟男友分手了。

事情發生得很突然，兩個人在一起的時候，甜甜的手機沒電了，便拿男友的手機玩遊戲，遊戲音樂嘈雜，她就將手機設了靜音。玩得正起勁的時候，手機螢幕上方顯示一個新發過來的微信訊息，只有暱稱，沒有內容，應該是男友設定不在螢幕顯示微信內容吧。

按照甜甜的性格，是不會查看男友手機的，但甜甜瞥了一眼暱稱，是個很可愛的名字，便斷定是女的，而男友也沒發現有訊息進來。那一刻，甜甜有了邪惡的想法，她順手點開了那則微信，上訊息顯示：手機收到啦，很好用，謝謝親愛的。

一瞬間，甜甜變了臉色，男友一看不對勁，一把奪過手機，刪除訊息，接著反咬甜甜不該偷看他的訊息，怪甜甜不尊重他，然後強調這個女的是前女友，分手之前答應送她手機的，他要說到做到。還說他現在跟她已經沒有關係了，不就是手機，妳計較什麼？

甜甜冷笑了。親眼所見，加之以前的那些事情，眼前的這個人，甜甜再也不肯相信了，於是果斷提出分手，任對方怎麼央求也不肯復合。

甜甜只要愛情，不要麵包，最後得到了什麼？遭遇背叛，不被珍惜。

麵包自己有，那愛情別人給了嗎？她只是談了一場糟糕的戀愛——既沒物質，又沒愛情。

05

愛情和麵包從來都不是對立面。愛一個人，本來就會不由自主地想給對方最好的東西。有一句話簡單粗暴卻不無道理：願意給你錢花的人不一定愛你，而不願意為你花錢的人，他一定沒那麼愛你。

將來如果生活在一起，柴米油鹽是妳操心，孩子的學費是妳去賺，老人的健康是妳擔心，買件裙子都要被對方數落半天，每天都要算計如何省吃儉用，妳只是他的帶薪保姆和免費幫傭，這樣的日子妳願意過嗎？

「麵包我自己有，你給我愛情就好」，這句話是很善良，卻又傻到極致，尤其是向自己的男友表明的時候。珍惜妳的男友，全心全意地愛著妳的男友，聽到這句話，一定心疼得不行，怎麼捨得不給妳麵包？不真心待妳的男人，會把妳說的這句話奉為你們兩人相處的原則和信條，這樣的傻女孩哪裡找？

任何一份好的感情，都應該是情感和物質的結合，在感情中追求物質，在物質中深化感情。因為物質去投身一場戀愛太不值得，但在一份愛情裡完全拋卻物質也傻得可憐。

這世上，最美好的愛情不過是——我們相互餵麵包，也相互給愛意。

別傻了，他的喜歡不是愛

01

一個深夜裡，晨曦向我傾訴。在父母眼裡，她一向是個乖巧懂事的女兒，小時候學業好，長大了工作好。除了婚事，基本上其他事情都不需要讓父母操心。因為晨曦三十歲了，在這個小城裡，在許多人眼裡，她是名副其實的大齡剩女，感情還沒著落。

其實晨曦不是不想相親，不願結婚。只是她陷入一段三角感情的泥潭，久久無法自拔。

男人比她大七歲，他們是在一次聚會上認識的，交換名片之後便聯繫不斷。從試探，到曖昧，再到熱戀。

晨曦一開始就知道他有家庭，還有個上幼稚園的兒子，但她拒絕不了對方猛烈的求愛，很快她便淪陷了。在她眼裡，那個職場上殺伐果斷、運籌帷幄的男人，卻在她面前像個孩子，這激發了她的母性，讓她格外心疼。

他總在晨曦面前感嘆生意難做，工作壓力大，或者抱怨自己的妻子脾氣大、不溫柔，不懂得體諒他。他說，只有晨曦才懂他，在晨曦面前，他才能感到安心。這讓晨曦覺得，在對方眼裡，自己是那麼重要，是那麼不可替代。

所以，儘管這段感情秘而不宣，緘口不言，但晨曦心甘情願地背負著這段感情帶來的甜蜜和酸澀。

02

這段見不得光的感情維持快五年了。每次背著人見面之後，男人總會說：「我跟我老婆之間早就沒有感情了，總有一天我會跟她離婚娶妳的。」

晨曦聽了，對他更是死心塌地，感覺未來充滿希望。可是，每當她追問他什麼時候離婚的時候，男人都有各種為難的說詞：

「現在是我事業的衝刺期，在這個節骨眼上離婚，會影響到我。」

「我的老婆脾氣不好，我要找個合適的機會跟她好好談談，要不然她什麼事都做得出來，鬧到妳的公司就不好了。」

「我媽最近身體不太好，住院了，我要是談離婚，不就等於把我媽往死路上逼嗎？」

「我的孩子還太小，我不知道該怎樣面對我的孩子，妳能體諒一個做父親的心嗎？」

晨曦只怪自己愛的男人太善良、太心軟。她還告訴我，在這五年裡，他們也曾避孕失敗過，不小心懷孕一次。儘管晨曦很想要這個孩子，但經不住男人的百般勸說，她還是悄悄去醫院做了人工流產手術。

眼看自己三十歲了，從滿懷期待到茫然無措，晨曦心裡越來越沒底，尤其是夜深人靜之時，更是百爪撓心。這段感情該何去何從？

03

我沒有直接回答晨曦的問題，而是跟她講了我一個學妹的故事。就叫她可哥吧，比我小一屆，美術班的，長得確實清純可人。

師範大學畢業後，家境優渥的可哥不甘心當老師拿固定薪資，於是，自己成立了一個廣告工作室，靠著她爸爸的關係獲得了不少資源。

你看，本應該是順風順水的人生，可是她不知道怎麼回事，竟然鬼迷心竅地愛上了一個已婚男人。那時候可哥告訴我，那個男人對她有多好，細心、溫柔、體貼，簡直滿足了她對男人的一切幻想。

那個春天，可哥從她所在的城市來找我，還說想和那個男人一起回母校。我接待了他們，帶他們去學校晃了晃，又請他們吃飯。席間，男人對可哥呵護有加，幫她挑魚刺、剝蝦殼、倒飲料。臨走的時候，也是有禮貌地跟我道別，歡迎我去他們的城市玩，一切由他安排。

當天晚上，我勸告可哥，早點離開這個男人，跟他在一起對妳沒什麼好處的。但是可哥不聽，覺得自己被寵得很幸福。

「他一定會娶我的！」可哥自信滿滿地說。我無奈地搖頭。

後來還是出事了。男人的老婆發現男人出軌了，悄悄地收集了證據，不哭不鬧，擬好了離婚協議書要求離婚。那個寵愛可哥的男人嚇破了膽子，痛哭流涕，跪地求饒，並且找到雙方長輩幫忙說情，乞求老婆原諒，賭咒發誓再也不跟可哥來往。

男人的老婆並不是黃臉婆，雖說比可哥大幾歲，但保養得當，看起來相當年輕，而且學歷高，工作能力強，家世也不差。面對男人的出軌，她看得非常清，帶著孩子果斷地踹開了這個枕邊的謊話精、偽君子。

男人基本上是淨身出戶，他恨透了可哥，指責可哥破壞他的婚姻。「要不是妳，我怎麼會落得這個下場？」男人說。

04

這世上，存在一種令人作嘔的男人，他們一邊在老婆面前深情款款，承諾一生只愛她一人；一邊拈花惹草，對外面的女人獻殷勤、表忠心，甚至說出「我會娶妳」，給女人畫了一張大餅。

這麼不著邊際的謊話，居然還有女人傻乎乎地相信——他是真的愛我，他對他老婆沒感情；他一定會娶我的，只是現在還不是時候；事情一旦暴露，他一定會站在我這邊，保護我的。

女孩，我說妳是笨呢，還是傻呢？

當妳一個人吃飯的時候，他正和家人其樂融融地共進晚餐；當妳輾轉反側睡不著的時候，他正和妻子相擁而眠；當妳收到他的禮物歡呼雀躍的時候，他新買的房子只寫了他老婆一個人的名字。

妳說他真的愛妳，那就請他帶妳在大庭廣眾之下吃飯、看電影啊，請他離婚啊，請他帶妳見他的親朋好友啊！

妳有沒有想過，一旦事情敗露，他拍拍屁股回歸家庭，毫髮無損。而妳呢？該怎麼做人？怎麼面對父母？怎麼面對親友？

世人對浪子回頭寬容，卻對破壞別人家庭的小三苛刻。一個清清白白的大女孩，為什麼要往自己身上潑髒水？

很多出軌男人的心態，就是一邊享受著家庭和睦的溫馨，一邊追求著新鮮刺激的快感。我對晨曦說，他之所以拖著不離婚，不是因為他善良心軟，是因為他自私貪婪，兩個都想要。他能平衡現在的狀態，還悠然自得呢！

絕大多數男人不會為了外面的女人破釜沉舟、拋妻棄子、大費周章，這牽扯到事業、家庭、房子、孩子、金錢等方方面面。成本太高，折騰不起。

我想告訴「晨曦們」，醒醒吧，別傻了，他不愛妳，也不會娶妳。

妳才不會一輩子孤單呢

01

琳琳是我另一個表妹，之前一直單身，有一天深夜，她問我：「姐，妳說我會不會孤獨終老？」

她告訴我，她經常一個人去KTV，點一首劉若英的《一輩子的孤單》，一個人默默地唱著：「我想我會一直孤單，這一輩子都這麼孤單，我想我會一直孤單，這樣孤單一輩子……。」她說她覺得這首歌特別好聽，好像就是為她唱的。

但她在別人面前，從來不唱這首歌。「我怕我一唱，別人會覺得我平日看起來特立獨行的樣子都是偽裝的，是在逞強，我怕他們覺得我很可憐。」

琳琳是個溫柔善良的女孩，有一份能把自己養活且養得很好的工作。她是一九八八年出生的，在大家眼裡也許覺得還年輕，但在家裡人，也就是我舅舅舅媽、左鄰右舍親朋好友看來，琳琳屬於大齡青年，而且還沒有對象，終身大事還沒定下來，為這事，舅舅都快急瘋了，而舅媽每次看到我，都會抓住我的手拜託又拜託：「幫著留意啊！」

說實話，琳琳急不急？也急。怎麼自己等待的那個人還不來？看著自己的好朋友、大學同學們先後結婚生子，琳琳其實很羨慕。赴了一場場婚禮，遞了一份份禮金，送出一份份祝福，而自己這裡毫無動靜。就好像小時候上考場一樣，明明還沒有作答、檢查完，但看到周圍的人一個個交卷了，心裡也會不由自主地慌張起來。

在這個世上，並不是每個人都能有足夠強大的內心和堅定的毅力，讓自己的人生順其自然。

02

琳琳不是沒談過戀愛，確切地說，她之前交往過兩個男友。

第一個男生是琳琳的高中同學，關係僅限於QQ好友，彼此一直安安靜靜地躺在對方的好友名單裡，沒什麼聊天。兩個人本來不在同一個城市，但參加同學聚會時，碰到了，互生好感，心裡多了些許曖昧，聚會結束後就聊開了。話題從天南海北逐漸扯到家庭、工作、內心情感，措辭從一本正經逐漸變得卿卿我我，甜膩得不行，心理距離越拉越近，兩個人的感情逐漸升溫，琳琳有了戀愛中的小女人的模樣。

後來，兩個人一起去旅行，但第一天兩個人就鬧得不愉快，原來男生要住一間房，而琳琳堅持開要分兩個房間。雖然最後還是依著琳琳的意思，但男生一直不高興。

旅行回來之後，男生對琳琳就不那麼熱情了，言語上很冷淡。琳琳也似乎明白這個男生接近她只有一種企圖，於是她提出了分手。

03

第二個男生是同事介紹的，兩個人在同一個城市，工作的地方也離得不遠，兩個人試著開始交往。男生對琳琳還算用心，噓寒問暖。下雨了，會接琳琳下班；琳琳感冒了，他會買藥送來，並叮囑她按時吃藥；一有時間兩個人就見面，吃飯、看電影、逛逛街，跟普通情侶無異。

琳琳呢，她跟我說過，其實對他沒有什麼特別的感覺，肯定不反感，但也談不上有多喜歡，跟這個人過一輩子也不是不可以。

後來他們雙方家長也見了面，卻在訂婚聘禮方面沒能達成一致，男方的意思是現在還有要聘禮的嗎？而我舅舅舅媽認為，不管多少，聘禮還是要的，其實要了也是讓女孩帶到婆家去。但男方家長堅持不出聘禮。

本來琳琳也不在乎有沒有聘禮，畢竟這只是個形式而已。只是男生此時的態度讓她逐漸涼了心，他一直說琳琳不懂事，還要琳琳幫著勸說她的父母不要聘禮，他說：「難道是賣女兒嗎？」就這句話，讓琳琳徹徹底底斷了跟他結婚的念頭。

說實話，琳琳家庭條件不差，甚至可以說是優越。就這麼一個寶貝女兒，我的舅舅舅媽早就為琳琳備好了一份豐厚的嫁妝。聘禮只是感受問題，已經不是錢的問題了。幾萬塊的聘禮，是琳琳幾個月的收入而已，對於男生來說也不是什麼難事。但男生家裡還是拒絕出這份聘禮，說白了，其實就是他們沒有把琳琳放在心上，琳琳對於他們而言，只是一個要來割點肉的外人。如果只是男友的父母這樣想也就罷了，可就連男友也不停地數落琳琳。於是這個聘禮事件，讓他們分手就在一瞬間。

04

跟這個男生分手之後，琳琳也相過親，次數不少，只是沒有一個人能讓她動心。因為經歷過兩次失敗的戀愛之後，她說想找一個三觀合、能聊得來的人，再也不想因為年齡大了而將就。

其實，琳琳一個人的時候也挺自由自在，能體會獨處的樂趣。一個人去吃飯，想吃什麼就點什麼，不用在意別人的口味；一個人去看電影，可以盡情地沉迷在劇情裡；一個人去逛街，不用顧及別人的感受；高興了，揹起包就能來一場說走就走的旅行。

琳琳說，她會去學化妝，把自己打扮得美美的；她還辦了健身卡，一有時間就去騎單車、游泳；心情好的時候，自己給自己做頓好吃的，犒賞一下自己的胃。

琳琳跟我說過，在遇到那個合適的人之前，要先把自己照顧好，不斷豐富自己的內涵，讓自己變得更加自信和美麗，再去與愛情碰撞出自己的火花。

琳琳不是主觀上選擇單身，只是沒有遇到她的緣分。

05

在別人的眼裡，一個女孩子，再怎麼漂亮，賺再多的錢，過著多麼精彩的人生，如果沒有一個男人和一張結婚證書就算不上一個完整的女人。所以其實讓琳琳難過的並不是單身，而是父母親友的催婚。

每次放假回老家，家人的催婚號角就開始吹響，親戚朋友積極地安排相親，有一次琳琳一天相親三個男生，從這個茶樓轉到那個餐廳，搞得她哭笑不得。雖然不情願但又不好違背父母，只好硬著頭皮去了。當然，結果無一例外，都是琳琳婉拒了對方。

有人說琳琳太挑剔，差不多就得了。可是，你嘴裡的「差不多」在琳琳眼裡真的是「差太多」

了啊，一輩子並不短，容不得糊裡糊塗，結婚這麼重要的事情怎麼能將就地選擇呢？琳琳說，她不想隨便和一個人不鹹不淡地過完一生。

是啊，真希望所有的婚姻，都不是因為年齡大了，不是因為家人催了，而是因為遇到一個正確的人，一個自己一直在等的人，一個可以共度一生的人。

06

不過，這個春節期間，琳琳戀愛了。

年前，她的大學同學請她吃飯，一起吃飯的還有同學老公的幾個朋友，其中就有位許先生，坐在琳琳旁邊。

許先生後來說，他以前見過有些女孩子吃飯比較矜持，夾著一根黃瓜條輕輕地咬著，而琳琳卻大快朵頤，面前的碗碟裡，蝦殼、骨頭一大堆。許先生覺得這個女孩挺有趣，一點都不造作。當看到琳琳用筷子費力地夾著一個鵪鶉蛋時，許先生連忙用湯匙幫了她一把，再接著，有什麼好菜上桌了，許先生都會先幫琳琳夾一塊。

許先生說，他看到琳琳這麼能吃，就算坐在一旁看她吃東西的樣子，也能感到特別幸福，就這麼喜歡上她了。他說，跟一個吃飯很滿足、很有幸福感的女生結婚過日子，一定會很有意思。

而琳琳呢，覺得眼前的男生特別溫暖、踏實，在飯桌上跟他聊天時，發現兩個人的共同話題很多，興趣特別對味，基本上琳琳說什麼，他都能接上話題繼續說，而且還能聊到深一層的感想。琳琳說，跟他說話真的是很有意思的一件事，而許先生大概也是這麼想的。要不然，怎麼在吃飯那天的當晚，許先生又跟她語音通話了五個多小時呢？

再後來，兩個人便每天說話，每天見面，相見恨晚，熱烈得不得了。套用一句歌詞就是「才說再見，就開始忍不住想見面」。

07

「就這麼戀愛了？」我問琳琳。

「是啊，愛情就是這麼簡單，猝不及防就會出現，讓妳在心裡驚呼『對呀！就是這個人呀！』」

所以啊，女孩，婚姻一定要有感情作為基礎，有感情的婚姻，才有可能經受住一輩子的考驗。感情，急不來；婚姻，勉強不來。

女孩，妳不會一輩子孤單的。妳要相信，那個正確的人正在來的路上，準備和妳一起走人生餘下的路。妳要相信，未來要和妳共度一生的那個人，其實在與妳相同的時間裡，也忍受著同樣的孤獨，那個人一定也懷著滿心的期待，馬不停蹄地趕來和妳碰面。

愛情只會遲到，它從來不會缺席。只要最後是你，晚一點也沒關係。

所有的事情到最後都會好起來，如果還沒好，就表示還沒到最後。

每個人都有自己的專屬愛情，不要著急，屬於妳的愛情也許就像快遞，正在派送中，等著妳親自簽收。

有些人一旦錯過，真是謝天謝地

01

周國平曾說：「未經失戀，不懂愛情；未經失意，不懂人生。」

栗子是我的一個讀者，前些日子，我跟她閒聊時，她告訴我曾經談了一場很失敗的戀愛。男友很大男人主義，他對栗子的要求不少，不許長髮披肩，顯得不端莊；膝蓋以上的裙子不允許穿，否則就是放蕩。

戀愛中的女生是盲目的，這些要求，栗子都忍了。可是，栗子跟朋友吃個飯、唱個歌，男友都會疑神疑鬼，雖然他沒有明說不同意栗子參加，但是會冷言冷語，等栗子回來之後，還會跟她冷戰幾天，栗子得想方設法地哄他開心。

而且，男友控制欲極強，在自己的手機上衛星定位栗子，時刻瞭解栗子的行蹤。

有一次，男友又跟栗子冷戰，搞消失，不管栗子打多少電話，發多少訊息，不管栗子有多著急，他都不回覆，後來索性關機。

後來那個晚上栗子有部門聚餐，心情不佳的栗子推辭不掉，只好跟著同事們一起在飯店吃飯，席間忽然收到男友的訊息：妳還有心思在公司的聚餐上招蜂引蝶？

栗子說，看到這則訊息，覺得這份讓她很累很辛苦的感情沒必要再進行下去了，自己可以委屈一陣子，但是不想委屈一輩子。這麼一想，她突然感覺輕鬆了，默默地回了一則訊息：我們分手吧。

男友暴跳如雷，之後發了無數訊息謾罵栗子，什麼惡毒的話都說出來了，男友惡狠狠地說：「像妳這樣的女人是得不到幸福的！」栗子一邊流淚，一邊堅信分手的決定是對的。

半年以後，栗子認識了現在的男友，非常溫和的一個男人，一有時間就陪著栗子，從不讓栗子擔心。栗子偶爾出去跟朋友聚餐，男友要不是陪她一起參加，就是準時來接她回家。他對栗子有求必應，把她寵成了一個小公主。

栗子跟我說：「謝天謝地，跟上一任分手了，否則我遇不到這麼好的男人。」

02

佳慧是我堂妹的一個客戶，偶爾我去堂妹店裡的時候會遇到她，互相點頭笑笑，也話家常。剛認識的時候，堂妹告訴我，佳慧四十多歲了，我驚訝道：「不像呀，頂多三十幾歲的樣子。」

佳慧也是苦命人，和她老公是在大學時戀愛的，畢業之後，兩個人一起回到小城當老師，結婚生子水到渠成。

經過幾年的努力，她老公考了公務員，進了政府機關。應酬多了，認識的人多了，他的心也花了。

佳慧知道老公在外面拈花惹草，可是老公要嘛死不承認，要嘛說佳慧無理取鬧。無數個夜裡，佳慧自己抱著被子默默地流淚，為自己，為孩子，為這個家。

後來，一個年輕妖媚的不速之客闖進家裡，盛氣淩人地要求佳慧讓位。而這次，老公沉默得可怕。

離婚大戰註定是一場血戰，作為過錯方的老公竟然在財產分割和兒子撫養權上分毫不讓，佳慧知道背後有小三在指使。看到昔日的愛人跟別的女人站在一條戰線上，並把槍口對準自己，佳慧心如死灰。那段日子，佳慧一下子蒼老了十歲。

最後，佳慧拼盡全力爭取到了孩子的撫養權，在財產上做出了很大的讓步。之後的幾年裡，佳慧獨自帶著孩子生活，直到她現在的老公出現。

現在的老公也是經人介紹認識的，幾年前妻子患病去世，他獨處至今。他沒有前夫好看的皮囊，也不怎麼會說話，但是對知書達理、賢慧、善良的佳慧一見傾心，彷彿撿到寶似的，一心一意地對她好，視佳慧的孩子如己出，佳慧那顆冰冷的心逐漸被暖熱了。

堂妹還告訴我，佳慧現在的老公是本地一家大型超市的副總，雖然工作比較忙，但是晚上經常看到他和佳慧手牽手散步。

聽到這個故事，我替佳慧感到開心。再遇到她的時候，我發現這個女人由內而外散發出恬淡的美。苦盡甘來，她終於等到了屬於她的穩穩的幸福。

03

都說很多女人的婚姻有四大不幸：當媽式擇偶、保姆式妻子、喪偶式育兒、守寡式婚姻。簡直把某些婚姻的真相描摹得淋漓盡致。我個人覺得還得加一樣：傀儡式生活。

為什麼是傀儡式生活？因為老公的上頭有個媽，老公事事都聽媽的話，自己也要聽從老公的話，從而聽他媽的話——句子有點拗口，但是道理顯而易見。

我有一個同學曉懿就是嫁進這樣的家庭，本以為小夫妻可以開開心心地過自己的小日子，可是凡事公婆總要插一手，而且處處看曉懿不順眼。

新婚一開始，公婆要求小倆口上交出薪資戶，說年輕人花錢大手大腳，他們幫忙存著。

有時候，曉懿和同事聚會晚上回來晚點，公婆會和老公一起在客廳等待曉懿，帶著質疑的口氣細細詢問。

曉懿打算和老公一起買房子，公婆堅持要求寫他們兩老的名字，說等小倆口穩定下來再過戶給他們。

都說婆媳關係是世紀難題，但是只要老公保持理性，適當偏袒妻子，妥善處理，堅決地回絕父母的不合理要求，那也沒什麼可怕的。最可怕的是什麼？作為妻子，本應和自己風雨同舟的愛人，卻和公婆站在同一個戰壕裡，一起對付妳。

曉懿的老公在平日裡，開口就是「我媽說的」……凡事必須按照他媽媽的要求來執行，剝奪了自己和老婆的生活權利。在這樣的家庭，曉懿感到恐怖和窒息。

壓死駱駝的最後一根稻草，是在曉懿懷孕後出現的。公婆盼孫子心切，知道曉懿懷的是女孩子，就對曉懿施壓，要嘛這胎拿掉，要嘛等孩子生下來立刻生第二胎，總之要替他們家生個男孩子。曉懿堅決不從，活生生地打掉已經有胎動的孩子，於心何忍？再者，假如第二胎還是女孩子呢？是不是還要再經受一遍這樣的精神和肉體的折磨？

原本曉懿指望老公在這件大事上支持自己，想不到他跟著公婆一起逼迫自己，不是說好話，就是厲聲斥責。

懷孕的曉懿整日以淚洗面，心力交瘁，結果孩子在六個月的時候停止胎動，只能引產。這對於一個母親來說是多大的打擊啊！可是夫家卻歡天喜地，要曉懿養好身體，再懷一個男孩子。而心如死灰的曉懿坐完小月子之後，毅然提出了離婚。

公婆冷笑，老公勸阻：「妳以後再也嫁不到像我家這樣的好人家了！」

離婚後的曉懿認真工作，自己賺錢自己花，閒時讀書、健身、旅行、美容，離開了無法忍受的環境，一個人的日子簡直不要太精彩。

曉懿說，她仍然相信愛情，期待婚姻，堅信自己會遇到生命中的真正的愛人。

04

赤裸裸的現實教會我們：有些人，一旦錯過，真是謝天謝地。

網路上流行著一句話：從前東西壞了，都想著修；現在東西壞了，都想著換。愛情亦如是，假如擁有的是千瘡百孔、不可修復的愛情，只能帶給自己無盡的傷痛，那又何必死死抓在手中捨不得放手？為什麼不瀟灑地抛開，重新輕裝上路呢？也許，抛開之前的一切，妳會發現一個美麗的新世界。

有句話說得好：所有的失戀，都是在給真愛讓路。

哪一個女孩不是父母用心呵護的呢？如果一段感情無法滋養妳，甚至夜以繼日地消耗妳，那妳又何必為那些配不上妳的男人「埋單」？

親愛的，假如妳曾將感情所托非人，傷心有時，絕望有時。可是，妳千萬要相信，在不遠處，一定有一個適合妳的人在等著妳，他和妳想像中的人完全一樣，他會待妳如初，疼妳入骨，從此深情不被辜負。

所以，妳要讓傷心成為上進心，昂首挺胸，永遠想著「我這麼出色的人，失去我是你最大的損失」。早晚有一天，那個命中註定屬於妳的人，會深情地擁抱著妳，在妳耳邊低語：「我上輩子一定是積了德，現在才有福氣娶到妳！」

2

我不是沒人要，而是沒遇到

那些曾經為失戀痛哭過的人，後來都找到了讓自己笑起來沒完沒了的另一半，相愛宛如初戀。

因此，你要相信，與你最對味、最契合的那個人，他正在趕來的路上。

撩妳，不等於愛妳

01

我有一個小粉絲，叫小婭，她是一個大四的學生，一直默默地關注著我的公眾號，我的每篇文章下，她都認認真真地寫留言，看得出來，她是個心思細膩的女孩。後來我們互加好友，約定假期回來跟我見面聊天。

後來，我們見面了，小婭告訴我她最近有點苦惱。

她在學校新認識了一個男生，個頭高高的，人也長得挺帥，口齒伶俐，幽默風趣。跟他在一起，從來不會冷場，也不用擔心沒話題聊。從文學故事到娛樂八卦，從就業展望到生活愛好，無論小婭說什麼，他都能饒有興趣地接下去。這讓小婭覺得跟他說話簡直就是一種享受。不僅見面聊天，他們還加了微信，經常愉快地互動，小婭由最開始的拘謹變得自由放鬆。

男生對小婭說：

「妳還真是一個有趣的女孩子呢！」

「小婭，今天降溫，妳要多穿衣服呀！」

「小婭，妳用什麼洗髮精，很好聞！」

「小婭，我喜歡跟妳聊天，好輕鬆的感覺。」

「小婭，明天妳要考試，早點休息，等成績出來了，我請妳吃好吃的。親親～」

小婭畢竟是一個空窗多年的單身狗，面對這樣一個貼心溫柔、善解人意的男生，心裡難免小鹿亂撞。

尤其這一句「親親～」更像一把箭，不偏不倚地射在了小婭的心上。

02

漸漸地，小婭開始期待男生找她聊天，每天睜開眼睛的第一件事就是看微信，看看男生有沒有發訊息給她。

若是沒有，小婭便會悵然若失，做什麼事都提不起精神來。

若是收到他的微信，就算只是一個表情，小婭都會開心地笑起來，然後興致勃勃地回覆，彷彿跟他聊天是每天最重要的事。

小婭認為這應該算是戀愛的前奏了，照這樣繼續聊下去，兩個人的感情會升溫，男生應該很快就向她表白了。可男生卻一直按兵不動，搞得小婭不知所措，不懂這個男生到底是什麼意思。

後來，男生漸漸沒了動靜，和小婭聊天的頻率越來越低，再後來幾乎不怎麼跟小婭聊天了，小婭也越來越患得患失。

最終，在某個週末的晚上，在成雙成對的校園裡，小婭親眼看到這個男生拉著另一個女生的手，談笑風生。小婭當下什麼都明白了，心裡明明不甘，卻又沒有資格和身份上前去質問。畢竟，男生跟她說過無數句話，唯獨沒說過「我喜歡妳」。

03

我告訴小婭，以前有句話，叫作「男人不壞，女人不愛」。現在換了個說法，就是「自古深情留不住，總是套路得人心」，妳這是遇到「老司機」啦！

他應該不只對妳一個人呵護備至、關懷有加。當他在手機那頭對妳笑語盈盈，讓妳喜不自勝的時候，說不定他轉身又對另外一個女孩子說著同樣的話。

妳以為他只在乎妳，妳以為他只對妳噓寒問暖，妳以為妳在他眼裡是唯一……一切都是妳以為，他卻沒給妳一句認定妳地位的話，更別說行動了。他只是在撩妳，時不時地撩妳，撩撥妳那顆真摯而熱忱的心，讓妳充滿期待，讓妳在心裡預想關於妳和他的美好未來。

他沒說過一句「喜歡妳」，妳已經在心裡說了無數遍「我願意」。

這只是一個肥皂泡泡啊。他不是喜歡妳，而是想讓妳喜歡他，他曖昧成癮，妳卻走了心。在曖昧的過程中，他廣泛撒網，重點撈魚，最終選擇了在他看來各方面條件最好的一個女孩。

他悄無聲息、毫髮無損地全身而退，只留下一個千瘡百孔、默默療傷的妳。說不定他還會在心裡嘲笑妳是傻子。

04

無獨有偶，昨天晚上我和幾個朋友在一家餐館小聚，旁邊一桌的一個年輕小夥子大概喝了點酒，開始吹噓自己撩了多少個女孩子。聲音不算小，我們聽得一清二楚，便心照不宣地不說話，看看他到底說些什麼。聽完一番高談闊論之後，我們幾個不由得你看看我，我看看你，一聲嘆息：女孩們，妳們是不是傻？

此男打著談戀愛的旗號，使出的套路大抵是一樣的：從聊天開始，到滿足自己的欲望為止。不怪小女孩太單純，只怪「老司機」套路深。

據他講，熱線聊天是有的，喝多了打電話是有的，語言挑逗也是有的，他從一個對話視窗換到另一個對話視窗，從這個約會場所換到另一個約會場所。

樂此不疲，操之「不」急。

當然他也有諸多詭計，欲擒故縱、金蟬脫殼、聲東擊西、走為上策……因為最後，他會無一例外，故作傷心地跟女孩說：「妳很好，可是我們並不合適。」

這樣的男人，是真的渣。傷了女孩子之後，男人們在一起瞎調侃，往往會以自己追到了多少個女孩子為話題。追到的女孩子越多，便越是一件值得自信和驕傲的事情。

不得不說，真是渣！

05

女孩，不知道妳有沒有遇見過這樣的男人，有時候對妳無微不至，有時候又好幾天不理妳？

妳有沒有遇見過這樣的男人，跟妳一起吃飯，陪妳一起玩耍，當妳對他表白的時候，他卻一臉無辜地表示「我把妳當我妹妹」？

妳有沒有遇見過這樣的男人，有時候跟妳形影不離，有時候對妳若即若離？

妳有沒有遇見過這樣的男人，對妳說妳很漂亮、妳很溫柔，卻在關鍵時候對妳說「妳不是我喜歡的類型」？

妳有沒有遇見過這樣的男人，跟妳走得很近，跟妳的關係明顯比一般朋友親密，卻在某一天跟妳介紹他的女友？

……

遇到這樣的男人，妳一定要守住自己的陣腳，穩住自己的心，別動不動就胡思亂想：

他天天找我聊天，是不是對我有意思？

他居然請我吃飯，八成是愛上我了。

他跟我報備他的行程，是不是特別在乎我的感受？

他把他的小秘密告訴我，我是不是已經走進他的內心？

拜託，這些都是妳自我表演的內心戲，打動的只有妳自己。真心喜歡妳的人從來捨不得撩妳，早就迫不及待地向妳表明愛意。他經常找妳聊天，不代表他喜歡妳，也許是因為無聊，也許是因為空虛，也許他是「中央空調」。

總之呢，「經常找妳聊天」跟「喜歡妳」，真的不能畫等號。

愛情不只有「發糖」，也有破碎

01

當你喜歡上一個人，即使對方的名字再怎麼普通，你都會覺得那名字好像萬花筒一樣，在你心裡不停變幻著多姿多彩的圖像，格外美好。

人會在突然的某一刻喜歡上一個人，也會在突然的某一刻徹底放棄一個人。

張小嫻說過，男人對女人的傷害，不一定是他愛上了別人，而是他在她有所期待的時候讓她失望，在她脆弱的時候沒有扶她一把。

所謂的「心死的一瞬間」，其實是很多失望的積累。失望累積多了，任何稻草都可能是最後一根。

說實話，我也有過瞬間心死的時候，我永遠忘不了那種感覺，彷彿就在那一刻，有一盆冷水從頭澆到腳後跟，心逐漸涼了，這種涼會傳到五臟六腑，傳到神經末梢，一直傳到指尖。

然後耳邊響起一個聲音：「好了，一切都結束了，就這樣吧。」

02

在一個深夜裡，西西找我聊天，她說她知道我要寫這個議題，她想告訴我她對前男友心死的那一刻。

「其實，我能感覺到他越來越不愛我了，也對我越來越不上心，只是我沒有開誠佈公地問他，而他也沒有直截了當地告訴我不愛了。我不問，一是巴望著我們的感情可以回暖，二是不希望那麼快給自己的感情判死刑。他曾經那麼深愛著我啊。」西西說。

好死不如賴活著，於是就這麼拖著。

男人對妳好，是真的。對妳不好，也一定是真的。

希望厭倦妳的男人回頭，希望一段瀕臨結束的感情起死回生，這真的是不太可能的——畢竟，走下坡路的感情，結束的速度是很快的。

西西的男友在上海工作，西西打電話給他，他會經常不接，就算接了也是語氣冷淡。有一天晚上，西西肚子痛，疼痛難耐，就打了電話給男友——不過是想借著身體不舒服求得男友的緊張和關心。但電話那頭的聲音責怪西西：「妳生病了不去醫院，打電話給我有什麼用?難道我是醫生嗎？」

西西不甘心，撒嬌道：「你是我男友，人家想讓你關心一下嘛。」

那頭的聲音變本加厲：「我白天工作很累的，妳現在打電話影響我休息了，妳怎麼這麼自私？」

西西愣住了，默默地掛斷了電話。

作為局外人來看，西西男友的表現完全沒有一點「愛」的意思，每字每句都是在告訴西西：「我不愛妳了，好嗎？」可是西西看不清，或者說心裡明白卻不願意承認。

之前男友生日的時候，西西精心挑選了價值不菲的男錶作為生日禮物，還跟公司請假去上海，陪他一起過生日。

幾個月過去，西西的生日到了，是個週六。西西問男友回不回老家陪自己過生日，男友說要加班，回不來了。電話裡，西西哭了，哭得很傷心，男友不耐煩地說：「哭什麼哭？我還沒死呢。」

西西生日那天，男友沒有回來，只是發了一則微信訊息給她：我最近工作忙，妳自己過生日吧，我很累，不想跑來跑去了。

看到訊息的那一刻，西西聽到了自己心碎的聲音。她知道這個男友再也不值得自己付出任何情意。同時她也感到一身輕鬆——結束了，終於可以結束了。

03

我無法控制自己對你難以忘懷，但我對你的一切已經沒了期待。

講真的，我希望陷在情網中的男男女女在感覺到另一半對自己冷淡時，能夠及時收心，速戰速決，千萬別讓自己的真心任由不懂得珍惜的人踐踏。

我曾開過一個話題：有沒有哪個瞬間，你對他徹底死心了？下面就是讀者朋友們的「心死一瞬間」，我在看的時候，覺得好心疼啊！

- 青春年少時，總認為婚姻一定像書裡寫的一樣，美好而浪漫！於是當遇到了自己認為「就是他」的那個人時，毫不猶豫地就嫁了，搞得好像英勇就義似的，不顧所有人的反對。十年婚姻，最初的幾年是挺踏實而浪漫的，我學會了洗衣做飯，田間勞作，甚至去工地幫忙做工。受了任何委屈都咬緊牙忍著，因為這是我自己選擇的。這期間的苦，除了我自己，大概父母心裡都明白。每次回去，雖然他們不多說，但總給我做許多好吃的菜，還要打包讓我帶回去。後來有了孩子更是忙得腳不沾地，連回父母家的時間都少了很多，反而他們時不時大包小包地來看我和孩子。就這樣，我毫無怨言，覺得日子就該是這樣的，如婆婆的教誨「男人是天，人前人後要顧面子」。在我死心塌地地憧憬著美好未來的時候，人家在外面「邂逅」了「真愛」。我天崩地裂般地傷心欲絕，結果人家指著我的鼻樑說：「瞧瞧妳那樣，哪還有一點女人的資本！」那一刻我愣住了，忘了傷心，忘了背叛，立即轉身去照鏡子，是啊，只有三十歲的我，灰頭土臉……那一刻，我收起了所有的傷心，對他說：「我們之間結束了，我要去找回自己的資本。」就這樣，我擺脫了那段噩夢般的婚姻。（@揚州小妞）

- 當他對我動手的那一瞬間，我的心徹底地死了，再也不會愛了。（@歲月靜好）
- 我特別愛他，給他無微不至的關心。有一次，我無意中看到他的社交軟體，卻發現他竟然一直和其他女人曖昧不斷。（@百草園主人）
- 不小心懷了他的孩子，不能生下來，只能拿掉。他帶我去了一個鄉下醫院，沒有所謂的無痛人工流產，因為貴。那就痛吧，算對我的報應。在簡陋的手術室裡，一個老婦女毫無表情地替我做了人工流產。手術結束之後，我痛得走不了路，而他覺得已經花錢做手術了，更應該省著點，竟讓我和他步行回家。那一刻，我的心徹底涼了。（@小魚在飛）
- 曾經很喜歡一個男生，向他表白三次。第三次終於收到明確的拒絕。就在一次一次忘不了、

得不到的時候，學會了自我救贖，徹底放棄了這個男生。充實自己後發現，那只不過是森林裡的一棵小樹啊。（@天堂草）

- 暗戀一個男孩子很多年，他應該也能感覺得出來。在暗戀他的那幾年裡，他一直不停地換女友，不過這也不能阻止我喜歡他。那時候，我以為這輩子我都不會停止喜歡他了，結果卻在無意中發現，他一直把我暗戀他的事當個笑話，時不時地在朋友面前拿出來說……。（@可哥）

- 我喜歡一個人，他不算太帥，但我莫名其妙地就對他心動了，只是他好像不太喜歡我。有一次，我在微信上發訊息給他，可能煩到他了，他毫不猶豫就把我刪了。那一刻，我感覺心跌入了谷底，腦子一下子空了。後來，我下定決心，不再喜歡他，因為這樣對我和他都好。（@花開半夏）

- 前男友自身條件不太好，不過，他的上進心比較強，勤快！當初莫名其妙地愛上他，覺得他就是全世界最帥的男人，可是他還是出軌了……我不能接受這個事實，傷心了好久。一年以後，突然接到一個電話，他說他錯了，自始至終沒找到比我更好的，就在那一刻，我把對他的所有留戀、不甘、回憶全部收回了！（@落花）

- 吵架，他拿我手機把所有關於他的一切都刪了，那一刻，我們就再也回不去了。（@平凡的我）

- 曾經讓我心動的他，已經不怎麼聯繫了，以前和他在一起聊天很開心，時間過得很快。突然有一天，我發現自己給不了他想要的，就決定不再和他聯繫。時間久了，我們就真的沒有交

集了，從無話不說到無話可說。我真的放棄他了，默默地關注著就好。（@不忘初心）

- 曾經面臨過一個不大不小的困難，但是沒有告訴另一半，因為不想讓他煩惱，我自己解決了問題之後，他無意中表示當時其實是知道我的困境的，那一刻，我心如死灰。我知道感情易碎，所以不想讓他跟我一起煩惱，但他什麼都知道卻當作不知道，默默地看我一個人掙扎努力。（@三江雪蓮）

放棄一個愛過的人，從來不是一件難事，只要失望到一定的程度，到達那個臨界點，就像鼓脹的氣球猛地被戳破一樣，「砰！」一瞬間就足矣。

04

雖然每個人的故事不同，但道理差不多吧，當那個人再也不具有值得你去愛的特質了，你的心就收回來了。

愛情不只有發糖[1]，破碎也是正常的，人來人往，你要學會接受。愛情會生根、發芽、開花、萎謝、腐爛……就和這世界上的萬事萬物一樣，有開始，自然就有結束。

沒有揮別不了的過去，要相信，為故人死去的心，始終能為新人而重生。人生路還長，希望從你死心的那一瞬間起，你能徹底地和過去說再見。

1 放閃光、秀恩愛的意思。

你要相信，在不久的將來，在鮮花綻放的路邊，會有更好的人在等你，他會小心地捧起你的心，倍加珍惜，呵護至極。

無論何時何地，都要有抽身而去的勇氣，要好好愛自己。希望這些經歷，我們都能雲淡風輕地講出來，然後笑著送別。

既然分手了，就別再懷念

01

劉若英導演的《後來的我們》，是一個年少時相愛，後來不得不分開，再後來又彼此懷念的愛情故事。就在電影熱映時，我滑社群時看到一個女孩子曬了電影票，配的句子是：致前任——沒錯，就算走不到一塊兒，我們還是一家人……。

我當時震驚了！我記得她曾找我傾訴，說男友劈腿，她被莫名其妙地戴上一頂綠油油的帽子而不自知。等到發現的時候，她竭力挽留男友，而男友堅決離她而去。我當時勸了她好久，她也把我的話聽進去了，果斷地跟前男友分了手。

再後來，某一年的情人節，她在朋友圈曬了一束玫瑰和牽著的兩隻手。我還恭喜她步入新的戀情。一直以來，她和男友的關係也挺好的，經常在朋友面前秀旅遊、秀美食、秀恩愛。

誰能想到，一部電影，讓她在朋友圈發出這樣的感慨。

我很想問她：妳現任男友看得到這發文嗎？妳跟前男友是一家人，請問妳的現任男友感覺是？

假如妳的現男友說跟他的前女友是一家人，請問妳會怎麼想？

假如，妳的現任男友覺得你們的兩人世界太空蕩，加個人也無所謂，那我無話可說。

事實上，他真的沒意見嗎？我想，絕大多數男女，應該都接受不了自己的愛人心裡惦記著前任。

02

曾經有個小女生問了我一個問題：該怎麼處理與前男友的關係？

我是這麼回答的：所謂前任，不就等同於他徹底離開妳的生活了嗎？

前任是一種怎樣的生物？從曾經牽手承諾走天涯，到現在揮手說再見，從各種佔據對方生活的角落，再到現在沒有關係。

說得文藝一點，就是回憶是我的，但你不是我的；說得現實一點，就是你的世界你擁有，我的世界我做主，跟你有什麼關係？說得殘酷一點，就是你別來打擾，我就謝天謝地；說得腹黑一點，就是知道你過得不好，我就放心了。

當曾經愛過的人，不得已成為前任，請務必互刪所有的聯繫方式，像一匹脫韁的野馬，以最快的速度從對方的生活裡逃離。

03

當然，有些戀愛失敗的女孩不甘心，心裡總是忘不了前任。

「那麼甜蜜的兩個人為什麼會分手呢？」失戀後的悠悠一遍又一遍地問我。

喜歡一個人也許只需要一個眼神，而分手的理由有千千萬：遠距離、感情淡了、喜歡別人了、性格不合了、長輩不同意……。

總之，結局就一個：分手。

對於那些相愛而又離散的人來說，最難以面對的，除了那些怦然心動的瞬間，曾經攜手同行的時光，還有那些年少天真、情到濃時許下的海誓山盟吧。明明說好永遠在一起，為什麼要分離？

分手後的悠悠痛苦不堪，知道復合無望，便苦苦哀求前男友：至少還能做朋友，聯繫方式要保留。前男友沒有拒絕，留著就留著吧。這之後的悠悠除了以淚洗面和祥林嫂式的逢人訴說之外，還變得只要有風吹草動就敏感起來，成了善於捕捉蛛絲馬跡的名偵探柯南。

不是有聯繫方式嗎？悠悠抑制不住思念，常忍不住發訊息給前任，內容無非是追憶美好瞬間，以求得前男友共鳴，從而使他回心轉意。

前男友大多數時候不回覆，有時候興致來了，「嗯」、「哦」、「是」幾個字敷衍一下悠悠。這些簡單的語氣詞給了悠悠無限的希望，眼前彷彿出現了復合有望的大好前景，便越發頻繁地發訊息。

前男友發的每則文，悠悠都要當高深的語文閱讀理解題來細細解讀，挖掘深意。

他心情不好了。悠悠會想：是不是因為沒有了我，所以現在過得不開心？

他和朋友出去旅行了。悠悠會想：那個妖豔的女人根本沒我長得好看。

他去餐廳吃飯了。悠悠會想：這家好吃的店是我告訴他的，他會不會想起來？

……

面對著躺在手機裡的和前任有關的一切，悠悠生動地演繹了內心戲，加上豐富的想像力，編劇導演都是自己。在回憶和想像裡，越發失去了自己。好好的一個女孩，成天自怨自艾，變得有點神經質。

04

直到後來，有共同好友好心告訴悠悠，前男友在跟哥們兒一起喝酒的時候，把分手後悠悠對他的念念不忘當作炫耀的話題在酒桌上公開了，趁著酒意並當場讀了悠悠發的短訊。

分手後的前任一直馬不停蹄地認識新的女孩子，並帶去跟朋友們一起吃飯，跟悠悠陷在過去無法自拔相比，前男友的日子過得有滋有味，簡直不要太爽。

那一刻，悠悠的心徹底涼了，手不停地發抖，渴望復合的火苗漸漸熄滅。在跟我說這事的時候，她還是抑制不住地哭了。早知如此絆人心，何如當初莫相識。分手後，女孩子總是會留戀、想念，心裡就像是扎進了一根刺，拔了會流血，不拔就一直疼。分手後本來可以瀟灑地說再見，卻硬生生成了大家的笑柄。

看著眼前這個可憐又令人生氣的女孩，我覺得非要把她罵醒不可。

分手了為什麼不刪前任的電話、微信、QQ，難道留著當下酒菜嗎？難道留著緬懷嗎？

所有的藕斷絲連，都是想著再續前緣。而所有的破鏡重圓，那裂縫還在，就算修修補補，還是把過往重演一遍，結局一般還是難逃分手。妳以為妳的堅持是海枯石爛、矢志不渝，卻未曾想到在別人眼裡早已淪為笑談：妳死不放手的樣子，真的很醜。

分手之後無所謂不甘心，妳的不甘心，只是對他的放不下。而妳的放不下，卑微如塵土，在他眼裡是犯賤，會讓對方更看輕妳，甚至作為炫耀的資本。

對於女生而言，就算你曾經和我在一個花好月圓之夜看星星看月亮，就算你和我從詩詞歌賦談論到人生哲學，今日你和我分手說再見了，那就最好再也不見了。

別提什麼舊情複燃，下場很可能就是自作多情、自取其辱，唯一能做的就是閉上嘴，停止無聊的幻想，過好自己的日子。

健身、跑步、閱讀、旅遊、烘焙、種花，讓妳變得更好、更快樂的事情有那麼多，何必讓一段失敗的感情、一個過去式的人左右妳的情緒，讓妳患得患失呢？當妳變得更好，會有與妳匹配的、更優秀的人來與妳相見，到時候，妳會覺得，當初的不甘心是多麼不值得，妳會感謝他的不娶之恩。

沒有忘不掉的前任，只有刻意不想忘的從前。別矯情，找個更好的現任，分分鐘不記得前任的模樣。

05

有人也許會說我偏激，不夠寬容，分手後也可以做朋友嘛！呵呵，我只能說，你的心真大。

一般來說，在公眾號留言給我的女性讀者居多，但是有一天，一個男性讀者給我留言，寫了很長的一段話。他說他很苦惱，女友每次對自己生氣以後，就喜歡去找前任訴苦，他的女友美其名說：前任只是朋友，一個特別瞭解她的朋友。

前任當然比你更清楚你的女友啊，她愛吃的食物，她嘴角上揚的弧度，她生氣時皺眉的表情，她喜歡的歌曲……。

這種和前任糾纏不清的女友，不管放在誰心裡都是一根刺啊，誰知道他們還會發生什麼，不分手難道要留著過年嗎？

分手就當前任死了，這話雖然說得難聽，但是我希望這成為每個人的道德準則，為什麼還要做朋友？放彼此一條生路，給現任一點尊重，好嗎？合格的戀人就是跟前任撇得一乾二淨，不讓現任誤會，讓對方有安全感，不要讓自己的過去影響到自己的未來，要對下一段戀情負責任。

還有一個女性讀者告訴我：男友一直對她很好，但他仍在跟前任聯繫，並且手機裡還留著前任的照片，她跟他說了好幾次，他總是敷衍了事。「雖然目前也沒做出什麼不太好的事情，但我介意他們聯繫，我該怎麼辦？」

你看，這就是跟前任糾纏不清帶給現任的煩惱。俗話說，一個巴掌拍不響，男友跟前任時常掏心掏肺地聊聊心事，打打嘴炮，這樣的情敵，誰能神經大條到掉以輕心？

留著前任的照片已經構成了兩個人的芥蒂，留著聯繫方式還聊天的幾乎是死罪了。這個男友只想著在前任那裡證明自己的價值，卻沒有考慮到現任的感受，這樣的男友就算再好，留著過年也只能當鞭炮放掉。

分手後做什麼朋友？你很缺這麼一個曾經相愛又互相傷害過的朋友嗎？

所以，我不會勸這兩個讀者要大方啊，要懂事啊，不要介意啊，放寬心啊……。我只會告訴他們，讓他們的現任哪兒涼快哪兒待著去。

別怪我說話難聽，明白道理就行。有些人會覺得過去的永遠最美，失去的永遠最愛，請不要忽略了此時此刻那個陪在你身邊的人，這才是你能抓穩的幸福。

就讓塵歸塵，土歸土，過去的歸過去，現在的歸現在。

踽踽獨行，未來可期

01

我想跟大家講一個故事，她是我一個初中同學的女友。

在跟她為數不多的幾次接觸中，我由衷地感嘆：多好的一個女孩！這個「好」字包含著很多方面的肯定。比如說，她是個很獨立、很堅強的女孩，有一份很不錯的工作，並且透過自己的努力在這座小城買了房和車。光憑這一點，我覺得她就比那些伸手靠父母、靠戀人的女孩和男孩們強多了。女孩長得也不差，帶著些許氣場。

她跟我的同學在一起兩年，廣撒狗糧[2]以餵天下單身狗，反正我的那些男同學們都羡慕忌妒那個男生，到底上輩子修了什麼福，能有這麼好的女友。也就是說，剛才我評價這個女孩的「好」，並不是我一個人這麼認為，大夥兒都這麼說。

這個男同學喜歡喝魚頭豆腐湯，卻又不喜歡飯店做的濃濃的白胡椒味。十指不沾陽春水的女孩便研究食譜，認認真真地、一步一步地學著做給他吃。

2 秀恩愛的意思，和「發糖」語意類似。

我們同學經常小聚，吃飯喝酒打牌什麼的，這個女孩總是安安靜靜地陪著，不吵不鬧不怨。大夥兒喝多了酒，女孩悄悄地把帳結了，大半夜一個人開車把男友送回家。

男同學喜歡打籃球，女孩幫他買最新款的籃球鞋，去看他比賽。

有時候，男同學窩在家裡打遊戲或者看球，女孩就帶著一大堆吃的喝的去男友家做飯給他吃。

有一次男同學在朋友圈秀恩愛：他感冒了，女孩買了藥送過去，用娟秀的字在藥盒上寫明瞭一天吃幾次，一次吃幾粒，和藥放在一起的，還有好幾種糖果，只因為他不喜歡苦味。

男同學生日那天，女孩送給他的生日禮物是自己畫的一幅畫，畫的是他的肖像。也許大家會覺得這沒什麼，關鍵是這個女孩沒有繪畫基礎，只是學著畫，卻畫得很好，形似又神似。我業餘時間也會畫兩筆，所以我知道畫一幅栩栩如生的人像並不是那麼容易。重要的是，女孩對他有多愛，才會一筆一畫地描摹著她的心上人，把她對他的情意，通過細細的筆尖傾瀉出來，連綿不絕。

他們也鬧過分手，但每次分手都是女孩找他復合。

只是後來，他們真的分手了。

我那男同學的脾氣，我是知道一些的，他的大男人主義特別嚴重。他們分手的原因確實是我那男同學不珍惜，也許真的覺得這女孩這輩子百分之百跟定他了，於是擺各種姿態。男人最誇張的行逕無非就是直接消失，電話不接，短訊不回。

有一次，女孩打電話到我這裡來了，問我知不知道他怎麼樣，說他不回訊息。我當時目瞪口呆，因為前一刻我還看到他在同學群組裡聊得很開心。

我也勸過男同學，別這麼做，可是他不聽，一意孤行，我這個局外人也只好作罷。不知道這樣第幾次之後，女孩終於心灰意冷，哭哭啼啼地跟我說，再也不挽回他了。

果真，她真的再也沒找過他，攢夠了失望，就離開了，就這麼分手了。

02

後來，女孩和我聊了幾次。大概是失戀難過，想找個人說話吧。

她問我：「在你們朋友眼裡我是不是挺傻的？熱臉去貼著他？」

「妳千萬別這麼想。妳是我見過的最優秀、最懂事的女孩，對別人高冷，對他死心塌地，只不過是那個笨蛋身在福中不知福罷了！」我回她，這也是我的真心話。

她回了一個微笑的表情，傳過來幾句話：「當初我那麼喜歡他，現在想想都覺得不可思議，那些事，我真的就只為他一個人做過，傻瓜一樣……我想，我以後再也不會像愛他一樣去愛另外一個人了……。」

她說她非常難過，我說我理解。當一段感情不是自己想要的樣子，讓人感到失望時，就算再難過也要結束這段感情。但是實際上，沒有絕對灑脫的人，沒有說斷就斷的愛。那些表面上灑脫、做出分手決定的人，你不會知道她私底下為這個決定下了多大的狠心。

那些堅持要翻篇的女孩，深夜無數次失眠痛哭，表面上雲淡風輕，內心深處早就難過到歇斯底里。

面對這個在愛情裡受了重創的女孩，我默默無語，只是暗暗地為她加油，希望她不再消極，對愛情還是要充滿勇氣和希冀。

03

之後，我跟她也就沒什麼交集了，就這樣過了一年多。直到最近幾個月，我發現這個女孩的社群更新頻繁，直覺告訴我，女孩戀愛了。

果然，昨天她罕見地在朋友圈曬出了一張牽手的照片，她那秀氣的手被一個男人的大手穩穩地握住了。我在下面留言：斯人若彩虹，遇上方知有。恭喜。

她沒回覆我，到了晚上卻在微信上找我聊天。她說，受了一次重重的情傷，原以為再也不會像傻傻地愛他一樣去愛另外一個人了，卻發現當遇到另外一個合適的人之後，之前的想法是多麼幼稚，所有的自以為都不成立了。一切都會過去，包括失戀。難過是真實的，可這就像感冒，很難受，但它早晚會好。

女孩說，她現在還是會根據男友的口味精心研究食譜，做出他喜歡的菜；男友喜歡跑步，她也會換上運動服陪他一起晨跑；看到適合男友的領帶和皮鞋，她還是會毫不猶豫地買下來；男友生病了，她也會盡心盡力地照顧他，直到他痊癒；在男友和朋友們聚會的時候，她也會靜靜地陪著，生怕他喝多了；男友出差回來的那天，她會算好時間提前做好飯菜，然後在陽臺上朝著他歸來的方向張望……。

不同的是，她對他有多好，現任男友便加倍地對她好，溫暖細緻，寬容體諒，不讓她擔心，不讓她哭泣。

愛情裡最幸運的，不就是付出的愛都有熱烈的回應嗎？

我由衷地為她感到高興。是啊，戀愛和其他所有事情一樣，都是需要學習和犯錯的。失敗了並不可怕，不要因為一次失敗就感到絕望，妳應該慶幸自己排除了不適合自己的那一類人，把機會和時間留給正確的人。

04

身邊曾經失戀的男生和女生不少。處在失戀階段，他們總會口口聲聲說「不會再愛了」、「再也不會像愛他／她一樣愛別人了」之類的話。

也許我們每個人都曾以為那個過去的人不可替代，曾經因為失戀在夜晚哭泣，曾經說過「愛情，這輩子都不想要了」。不過在痛定思痛之後，我們更需要的是滿血復活的勇氣和能力。

我的小學同學王燕妮有句名言：「失戀，難過一下子就夠了，因為總有一天回頭看，妳會後悔，當初妳本不該那麼難過的。」

我曾對這句話半信半疑。可是，時間證明一切都會好起來，那些傷口總會結痂，以後還是會愛。不用去懷疑自己是不是失去了愛的能力，只要遇到那個對的人的時候，你終究會再次熱烈燃燒。

我身邊那些曾經為失戀痛哭過的人，後來都找到了新的愛人，相愛宛如初戀。那些深夜哭泣的女孩，後來都找到了一個讓她笑起來沒完沒了的人，現在都過著美好的生活，有的甚至已經與愛人步入了婚姻的殿堂。

踽踽獨行，終遇良人。你要相信，未來是可期的。愛情是值得去堅持的信仰，總有一天，你會遇到那個對的人，那個值得付出的人，那個讓自己相信愛情並不顧一切、全心全意愛著的人。

傻女孩，妳當然再也不會像愛前任一樣去愛他。因為妳的餘生都是他，妳會愛他更甚。

那一刻，我的心融化了，就歸他了

01

有一天，有個小妹妹找我聊天，她說：「他站起來幫我倒茶，溫柔地看了我一眼，就在那一瞬間，我就知道，我輸了，我的心歸他了。」

我看著這洋溢著幸福的一句話，忍不住笑了。

原來喜歡上一個人竟然是這麼猝不及防啊，那些奇奇怪怪的原因甚至讓妳自己也沒有頭緒。他只不過是看了女孩一眼，就能讓女孩怦然心動了，喜歡就是這樣沒有道理。

面對那些遭受感情曲折經常找我傾訴的女孩們，我從不在她們面前唱衰愛情，這世上就是存在愛情讓人變得更美好這種事啊。見證了身邊很多人的認真相愛，我常常有這樣的感覺：也許不幸的愛情只有分手、封鎖這一個結局，但是幸福的愛情的開始往往沒有固定的模式，每一對相愛的人都是不一樣的。

02

那是一個天氣格外晴好的早上，空氣裡全是陽光的味道，我跟我媽在吃早餐。

我突然問我媽：「妳跟我爸是怎麼開始的？」

我媽先是一愣，繼而不好意思地低頭喝粥：「什麼開始不開始的。我都一大把年紀了，妳還問這些。」

據我所知，我媽年輕的時候能歌善舞，會講故事，但幹活或是忙家務又做得很好，在村裡一些未出閣的女孩中是頗為出色的。而我爸其貌不揚又老實，訥於言，拙於行。

我不屈不撓，「就是問妳，怎麼選擇爸做老公的？怎麼決定嫁給他的？」

我媽思考了一會兒，緩緩地告訴了我。

她說她年少時對未來的另一半也有過憧憬和幻想，如何高大偉岸，如何勤勞能幹。當西村的二姑姑把我爸介紹到我媽面前時，我媽還是有些失望。雖說是從書香門第走出來的二兒子，但我爸身上沒有一點書卷氣，他侷促地坐著，叫他喝茶就喝茶，沉默寡言。

但二姑一直撮合，說這個小夥子人不錯。我媽架不住，只好挑了個日子跟外公外婆和二姑一起去了我爸家。幾十里的土路，我媽騎著自行車載著外婆，一路顛簸，到了我爸家已經饑腸轆轆。

男方家按規矩是要燒茶擺點心給女方來的人吃的。茶是白開水裡加了紅糖，點心就是普通的酥餅。

在餓得前胸貼後背的我媽的眼裡，那幾塊酥餅格外誘人，連上面點綴著的白芝麻都熠熠生輝。但是女孩要矜持的思想，讓我媽不敢造次，我奶奶說：「女孩，吃個酥餅吧。」我媽擺擺手，表示不餓，只是抿著嘴喝紅糖水。

這時，我爸起身拿起一塊酥餅，遞給我媽吃，請她別客氣。說著我爸也拿起一塊，大口大口地吃了起來。

臨走時，我媽都推著自行車走到路口了，我爸突然趕來，不由分說地把一個小布包掛在我媽的車把上，小聲叮囑：「路上吃。」

我媽半路打開布包一看，果然不出她所料，裡面是幾塊酥餅。「那一刻，我就知道，這輩子就是妳爸了。」我媽淡淡地說。

沒有海誓山盟，沒有花前月下，我爸跟我媽風風雨雨在一起生活了三、四十年，從窮日子過到好日子。我爸話不多，一直在包容著我媽，照顧著我媽，大半輩子就這麼過來了。

03

我的朋友粒粒，去年秋天跟她男友在社交網路認識，男生比粒粒小六歲，是遠距離戀愛，兩人相隔幾百公里。

這樣的人物開場設定，肯定不會被看好吧。粒粒也這麼覺得，所以剛開始是當好朋友相處。可是他們每天都有聊不完的話題，聊完房地產泡沫，聊王者榮耀，聊完民謠音樂，聊電影，聊完風土人情，聊家長里短，一切都很順利。

男生一直說要來看粒粒，但是粒粒怕前途未卜，怕彼此受傷後，反而失去一個要好的朋友，所以她曾多次婉拒男生來看她。

直到有一天，男生突然告訴粒粒，他來粒粒的城市了，去了粒粒的公司，在櫃臺留了粒粒喜歡的書和零食，然後就走了。

粒粒傻住了，連忙問他去了哪裡，男生說已經離開，現在回到了他所在的城市。

巨大的失落籠罩著粒粒，她去櫃臺取了東西，看著書上清秀的幾行字，忍不住流下淚來。

接著，粒粒反覆查看前臺監控的畫面，一遍又一遍地重播，直到畫面裡出現了男生的身影。「看到那張熟悉的臉，那一刻，我的心融化了。我知道，我的心歸他了。」粒粒跟我說。

後來，粒粒再也沒有拒絕過男友來找她，他們也製造了很多機會一起出去旅行，互相認識對方的圈子，認識對方的家人，就這麼一直相愛著。今年夏天，男友準備把公司開在粒粒老家的那座城市，跟粒粒結婚。

每次我見到粒粒，她氣色都比上一次更好，粒粒一直不遺餘力地誇自己的男友：「沒辦法呀！男友人太好了！」

每次看到粒粒幸福的模樣，我都衷心地祝福她，遇到這樣堅定的男友，她可以毫無保留地去追求愛情。

在那一瞬間，把自己的一顆心完整地交給對方，當然對方也會把一顆真心給你，這世上再沒有比付出的真心得到了回應更美好的事情了。

04

我曾開了一個話題：你是因為什麼或是哪個瞬間而喜歡上你的另一半的？

看了大家的回答，我真是感覺被人用小拳捶了胸口……。

- 二〇〇一年，手機通話費用高，又是遠距離，所以比較常發訊息。二〇〇二年去看他，無意間看到他壓在枕頭底下的日記本，上面詳細記錄了我給他發的每一條訊息，即便是一個「哦」。時、分、秒，分毫不差。還有我去找他的前一夜，他的心情日記，字裡行間透露出的歡欣雀躍之情，我告訴自己，就是他了！二〇〇二年到二〇〇七年，遠距離，我依然無悔！（@烏丟丟）
- 隔著大半個江蘇，有一天他發微信告訴我：這裡大雨將至，葉子在天空中飄。就因為這句話，淪陷至今。（@周華）
- 他在窗外唱了半首歌，霎時間，心有所屬。（@金魚）
- 因為他很認真地講了一個童話故事給我聽，他認真的樣子好性感，聲音也好好聽。（@當街濁酒）
- 發現他喜歡聽的歌都是我喜歡聽的，喜歡看的電影都是我喜歡看的，品味驚人的一致。（@蟲寶）
- 相親的那個晚上，看到那一眼，就驀然心安，對，就是他。雖然後來的相處中，摩擦不斷，但結婚幾年來，生活證實自己並沒有選錯人。（@菜圓子）
- 我們是好朋友，有一次他去爬黃山，爬到光明頂的那一刻，第一時間跟我視訊，給我看山頂的風景。那一刻，我不想做他的朋友了，一下子喜歡上了他。被人惦記的感覺真好，就是要把看到的美好的東西都分享給你。（@薇薇）

看完這些回答，我在想，愛是需要時間驗證的，而喜歡一個人往往是一瞬間的事。那些讓我們對某個人傾心的瞬間，都是人生旅程中的「生命之光」。猶如靈光閃現一般，只有你自己能體會那種美妙無比的心情。

不管那個人多麼平凡，你都有可能在一瞬間被他吸引，那一刻，你心裡的大門突然對他敞開。那種怦然心動的時刻是最美好的，不管以後還有沒有故事可以繼續，擁有過心有靈犀的感覺已經是很幸運的事情了。畢竟，人生的大部分時間都是平淡時刻。

所以，請感謝，感謝遇見你，感謝你贈予我那麼歡樂的一瞬間，這就是我愛上你的理由，這就是我相信愛情的理由。

我對你的喜歡，藏在每天的「晚安」裡

01

有一天晚上快十二點的時候，兔兔找我，她說她睡不著。我問她怎麼了，她說她的男友今天沒有對她說「晚安」。

他們是遠距離，一個在南通，一個在泰州。

「以往差不多十一點的時候，我們會互相道『晚安』，今天到現在都沒等到他的消息，打他電話關機。」兔兔說。

我說：「那妳先睡，說不定他有什麼事耽擱了。」

兔兔說，沒有他的晚安，自己是很難睡好的。

我瞬間理解了。兩個相愛的人在一起久了，就會逐漸地培養一些習慣：比如把對方設為星標好友，置頂聊天；比如無論遇到什麼事情，都要第一時間跟對方分享；比如不管去哪裡，都會發給對方位置；比如習慣替對方的每則發文點讚；比如每天下班路上跟對方通話或者視訊；比如去一個地方就幫對方帶一份小禮物；比如每天的互道「晚安」……。

那些在愛情裡養成的習慣，已經成為生活的一部分，養在皮膚上，浸入血液中，刻在骨子裡，不是說改就能改的。就像兔兔的男友沒有對她說「晚安」，這一天就不算過完。

02

第二天一大早，兔兔發來消息，說她男友淩晨四點傳訊息給她，並跟她道歉了。他昨晚有應酬，手機沒電，加上酒喝多了，到家就睡著了。等到睡醒，才連忙給手機充電，開機發訊息，並不忘跟兔兔說一聲「晚安」。

兔兔早上醒來時，睜眼就看到男友的消息，原本的煩躁不安一下子煙消雲散，滿滿的笑意又洋溢在兔兔的臉上。

「我心疼他工作辛苦，他為了我們將來在一起一直在努力。」兔兔說。

另外，讓兔兔感到踏實的是，不僅僅是自己一個人在乎說「晚安」這件事，原來在男友心裡，也一直很重視。這是屬於他們兩個人的戀愛世界裡的小儀式。就算有事耽擱了，也不忘補上這句「晚安」。

睡前的一句「晚安」，不只是一個形式，更像是一份牽掛。

夜深人靜，是人情感最細膩的時候。對於戀人來說，「晚安」就是我愛你，晚是世界的晚，安是有你才安。沒有你的「晚安」，晚晚都不安。

03

兔兔的故事在我心裡泛起了一陣小漣漪。於是我發了一則文問：你有沒有喜歡的人每天跟你說

「晚安」？又把這個問題拋到好幾個微信群組裡，不少朋友都表示「有」，有些朋友還迫不及待地跟我私訊，讓我獲得了不少有趣的留言和消息。

- 我很開心地放下手機睡覺，保證不會再拿起手機。（@spring）
- 即使睡著了，第二天醒來看到，我也會覺得很幸福。（@小陽陽）
- 以前有一個男生喜歡我，他跟我說「晚安」是有特別的意義的，是「我愛你」的意思，當時我覺得好蠢好無聊。等到後來我遇到了一個我喜歡的男孩子，有一天他對我說了「晚安」之後，我徹夜難眠。（@檸檬草）
- 每次收到喜歡的人傳來的「晚安」，總會想起將來萬一有一天，他再也不跟我說「晚安」的樣子。畢竟，多少黑名單，都曾互道「晚安」。（@鳳梨酥）
- 我也會笑著對他說「晚安」，然後把我們當晚的聊天記錄再看一遍，最後安心地入睡。（@夏日裡的葵花）
- 收到他的「晚安」，我都忍著不回覆，這樣第二天才有理由跟他聯繫。是的，我喜歡他，不知道他喜不喜歡我。（@yoyo）

說實話，看著這些訊息的時候，我的內心是愉悅的。世間美好的事物總是容易互相感染的，對於上面留言的人來說，這個美好的事物就是愛情啊，我感同身受，甚至讓我想起自己也曾像個傻瓜似的和某個人說過「晚安」，也傻傻地一直等待著對方對我說「晚安」。

親愛的，你是否也有過收到一句「晚安」，讓你溫柔地微笑的時候？你是否也有過千言萬語，猶豫著說不出口，刪了又刪，只好打出「晚安」兩個字的時候？你是否記得你和他說「晚安」的時候，對方給你的回覆是什麼？晚安？掰掰？或者一個表情？

誰心裡都明白，「晚安」是說給自己最重要的人，說出來的是「晚安」，想的卻是「我愛你」。

喜歡一個人的時候，簡單的兩個字都能帶上無數的期待。

我對你未說出口的「喜歡你」，都藏在每天的「晚安」裡。

04

還有一個小女生告訴我，她遇見了一個喜歡的人，見他的第一面，內心就一陣小鹿亂撞。

後來她跟男生要了微信，卻不知道跟他說什麼。瘋了一般的思念，卻不知道如何跟他表達，於是，每天聊天結束便跟他說「晚安」，有時候他會回覆，有時候他沒有回覆。

「對於他來說，『晚安』的意思是不想再跟我聊下去，而對我來說，『晚安』的意思是我喜歡他。」

聽到她這麼說，我突然覺得心酸。在被喜歡的人那裡，這可能只是一句禮貌性的結束語。但在喜歡的人這裡，說出「晚安」這兩個字，心中早已翻過山和海，鼓起十分的勇氣，帶著萬分的期待。

我只能祝福她，也許有一天，她那含蓄的「我喜歡你」，會得到對方熱烈的回應。

世上最溫暖的兩個字，是從你的口中說出的「晚安」。

一句「晚安」，勝過千萬句蜜語甜言。早安，午安，晚安。有你在，我才心安。

3

認同的關係，磨合的婚姻

婚姻，不該是兩個人相互指責地熬日子，
應該是相互欣賞。
就算日常亂如麻，也要發現伴侶身上的光，
讓彼此擁有愛的力量，讓生活越來越敞亮。

「結婚以後，妳願意陪我一起吃苦嗎？」「不願意。」

01

柚子是我的一個讀者，上個星期發訊息給我，她說，近一個月來，她一直徘徊在人生的十字路口，舉棋不定。

柚子大學畢業後，在一線城市工作。去年認識了現在的男友，當時柚子二十七歲，男友三十六歲，在同一個城市工作，談了一年多的戀愛，前段時間在考慮結婚的事。

柚子說，在戀愛期間，她從不過問男友經濟方面的事情，覺得他有一份穩定的工作，年薪人民幣十幾萬，擁有不錯的經濟來源。

可在兩個人商量結婚的時候，柚子才發現，男友工作十幾年，幾乎沒有存款。男友平時花錢也不是特別大方，兩個人住在一起後，男友和柚子都拿出薪資作為日常生活的開支。

那他的薪資哪兒去了？為什麼存不了錢？

柚子的男友據實以告，他來自十八線小城下屬的農村，父母老實規矩，靠打零工供他上大學。

所以在工作幾年之後，男友拿出所有的積蓄，以父母的名字在當地的城區買了一間三房兩廳的房子。當地的房價不高，所以柚子的男友是現金付清買的。

「我爸媽這麼多年不容易，我買間房子給他們養老是應該的。」他對柚子說。

男友還有一個弟弟，學生時期成績不好，初中畢業就出去打工了，後來有人作媒，一拍即合，當即訂婚。當時，未過門的弟媳婦就要求，婚後不願意跟公婆住在一起，要求他家再買新房。

柚子男友的父母又把期盼的眼神投在了大兒子的身上：「你弟弟沒什麼本事，賺得都是血汗錢，好不容易有門親事，不能搞砸，你是哥哥，薪資那麼高，你得幫你弟弟一把。」

看著老淚縱橫的父母，柚子的男友咬咬牙，又以弟弟的名字在當地的城區貸款買了一間三房的房子，毫無疑問，這間房子的貸款是他在還。

婚事方面，柚子的男友出錢出力。弟弟結婚之後，先是生了個女兒，後又生了個兒子。他們小夫妻在工廠做工，倆孩子父母帶著，平日小夫妻還去父母那裡吃飯。

「你弟弟他們薪資不高，兩個孩子撫養起來吃力，你是哥哥，還沒結婚，用錢的地方不多，你能幫就幫點。」這是父母的原話。於是，柚子的男友又幫了，除去貸款，每個月再給父母幾千塊錢作為生活費。

02

柚子的男友是向柚子求婚後坦白這一切的，柚子當時愣住了。

柚子問他：「你把一切都給了別人，拿什麼跟我結婚？」想不到，男友一聽這話就火了：「他們是我的父母，是我的弟弟，都是我的家人，不是別人！我對他們好是應該的！」男友理直氣壯。

「假如結婚的話，你家出多少聘金？我們在哪裡結婚？房子怎麼辦？」這些都是現實問題，柚子不得不問。

「現在都是什麼年代了？還要聘金？那是賣女兒！我們不搞這一套！」

「結婚也簡單，暫時先租房子結婚，等我把家裡的貸款還清了，我們就一起存錢買房子，我們倆的薪資加起來，用不了幾年就能存夠頭期款了，好嗎？」

「柚子，我是真心愛妳的。結婚以後，妳願意陪我一起吃苦嗎？」

「柚子，我希望結婚之後，妳跟我一起孝敬我爸媽，把他們當作自己的爸媽，對他們好，他們真的很不容易。」男友說完，期待著柚子的回答。

柚子心亂如麻，一方面確實對男友有感情，一方面又覺得未來沒什麼希望。柚子跟男友提出，能不能讓他爸媽把他們那間房子賣了，畢竟幾年下來也漲了不少，加上柚子爸媽的全力支持和自己的積蓄，在深圳付一間小房子的頭期款還是沒什麼問題的。

「父母把我養大不容易，這間房子是報答他們的，怎麼可以賣？」男友說。

想不到，不僅男友不同意，男友的父母和弟弟也跳出來表示反對。

「強仔，我們老兩口別無所求，就想在城裡有自己的房子，你要是賣了房子，村裡人該怎麼笑話我們？」父母說。

「哥，現在還沒結婚，嫂子就要賣爸媽的房子，你讓爸媽住哪兒？將來你們要是結婚了，嫂子能和爸媽相處融洽嗎？」弟弟說。

柚子把這事告訴了自己的爸媽，爸媽態度很堅決，要求柚子跟男友分手，不同意這門婚事。「妳要是不跟他分手，我們就跟妳斷絕關係。」柚子的爸媽發狠道。

柚子最後跟男友提出分手。男友冷笑道：「哼，我算是看出來了，妳跟別的女人沒什麼兩樣，還不是虛榮、拜金？還不是嫌貧愛富怕吃苦？」

03

有這麼一種歪理——在感情裡，兩人因為錢而導致了情感波動，生出了裂痕，那就是女人的錯，是女人的貪婪虛榮，是女人太敗金，就應該被鄙視的。

事實上，婚姻是兩個人的結合，應該是讓兩個人都過得更好，而不是讓人過得越來越差，越來越潦倒，不然還不如單身。

當然，我不是要女人們唯利是圖，離開一無所有的男人。有些男人，就算現在什麼都沒有，但是有一顆為小家庭奮鬥的上進心和責任心，並為之努力。假以時日，隨著資本的積累，兩個人想要的終究會靠他們的雙手創造而得到，會過上屬於自己的小日子。

而柚子遇到的是什麼樣的情況呢？

男友的父母和弟弟隨時開口向男友索取，而男友呢？絲毫不為自己做打算，不為自己未來的老婆、孩子、小家庭做打算，並且還要求柚子將來跟自己一起承受大家庭的負擔。

柚子經濟獨立，性格溫和。被爸媽小心呵護，她沐浴著陽光長大，憑什麼跟你在一起之後，要經受狂風暴雨？

人家女孩本來在平坦的大路上走得好好的，憑什麼要被你拉下泥潭？
人家女孩本來過著無憂無慮的日子，憑什麼要求她跟你一起吃苦？

04

我請柚子思考一下，假設妳跟這樣的男友結婚了，未來的日子會是什麼樣？

結婚時，他的海誓山盟讓妳覺得未來會很幸福，可生活不是那麼簡單的，以後的日子裡，柴米油鹽醬醋茶都要妳去操心。和這個每月還完房貸、給家裡人生活費之後一分錢不剩的人一起把日子過好，是妳要面對的現實。

人們都說，兩個人在一起，家就建立起來了。可是在陌生的城市打拼，一直租房住，是終究建立不起在城市中有家的歸屬感的。如果有了孩子，妳會更想擁有一間屬於自己的房子，讓三口之家的生活在自己的小天地裡進行，經濟的緊迫感會壓得妳喘不上氣。但現實中還有更多的事情等待著妳：

老公弟弟的房貸還沒幫著還完，自己家的車貸還要按時還款。

孩子漸漸長大了，上學、才藝班、營養品等，都需要不斷地消費。

雙方父母年齡大了，應該抽時間帶他們去旅遊，去看看外面的世界。

保養品又空了，該買的不少，但只能選擇一瓶……。

妳看，之後的生活裡，還是有很多需要面對的困難吧。但是，兩個人的薪資根本不夠維持小家的生活，妳的爸媽跟著心疼妳，不停地幫妳貼補。妳說妳到時候能開心起來嗎？

05

其實，女人不怕和男人一起窮，就怕和男人一起窮一起得沒希望，得忍受一輩子，看不到未來，這才是令人絕望的。

現在，越來越多的女孩開始意識到，堅持以經濟為中心不動搖才是真的。

我是語文老師，我打個不太恰當的比方，結婚就好比是一場考試。婚前的談戀愛，是試卷前面的選擇和填空題。到了結婚前的雙方考驗，相當於閱讀理解題。而婚後的經濟狀況，就是最後那道四十分的作文題。就算前面的感情題做到了滿分，最後的作文沒寫完，這場考試照樣是沒考好。

我看過不少案例，很多原本開明的父母卻阻礙自己的女兒嫁給沒錢的男孩，原因就在這裡。試想一下：你有一個養了二十多年如花似玉的女兒，你捨得她跟一個一窮二白的男人去住小套房？

所以，那些要求女孩子婚後跟他一起吃苦的男人們醒醒吧，別玩道德綁架了，好嗎？

人家女孩本來可以欣賞夜的巴黎，踏過下雪的北極，卻只能跟你窩在家裡，當你們一家人滿意的媳婦，這就是你的愛情真理？

女孩，一個真正愛妳的男人，是捨不得讓妳一直吃苦的。

苦一時，可以。苦一輩子，不行！

最後，我想對「柚子們」說，當一個男人理直氣壯地問妳：「結婚以後，妳願意陪我一起吃苦嗎？」

請妳們直截了當地告訴他：「我不願意。」

眼裡有光，彼此欣賞

01

二〇一八年一月十二日，蔡少芬在微博發文慶祝自己結婚十週年。從微博的內容中可以看出，蔡少芬婚後真的是非常幸福，有那麼一個疼愛自己、疼愛孩子的老公，婚後十年的生活充滿愛。就在蔡少芬發微博後不久，張晉的微博緊隨其後，也是新一輪的秀恩愛、曬幸福。

網友們都被甜到了，紛紛表示：這波狗糧撒得猝不及防。看來蔡少芬真的是嫁對了人，嫁給了愛情！

蔡少芬一直是我喜愛的演員，她的演藝事業順風順水，光環罩身。在內地發展也是光彩奪目，她在《甄嬛傳》中飾演的皇后一角，演技炸裂，深受觀眾喜歡。

二〇〇八年，蔡少芬「下嫁」張晉，一個是知名女演員，一個是名不見經傳的武術演員，很多人都覺得蔡少芬嫁得可惜。但事實證明，他們是娛樂圈難得的一對恩愛夫妻。

蔡少芬和張晉結婚之後，一直被外界認為是「女強男弱」，張晉也被媒體形容為「窮武師」、「蔡少芬老公」，被冷嘲熱諷地說成「吃軟飯」。

但蔡少芬處處護著老公，誇老公帥，誇他演技好，對老公的欣賞溢於言表，甘願做一個幸福甜蜜的小女生，仰慕著老公。

後來，蔡少芬竟成了「炫夫狂魔」，逢人必誇老公。

對此張晉表示：「她真的太愛秀了，私底下在她的朋友面前也是這樣誇我，有時候，我真的不好意思，畢竟我的性格不是那麼高調。但她是我的老婆，這麼做，我必須接受。說真的，這也不是什麼缺點，我反而要學習她這一點，會欣賞別人。」

而張晉同樣欣賞蔡少芬，誇老婆漂亮、有智慧，肯花心思逗老婆開心。

在張晉默默打拼多年之後，憑藉《一代宗師》影片裡「馬三」一角，改變了他在人們心中的形象。

最令我感動的是，張晉在發表獲獎感言的時候，哽咽地說道：「要感謝我的太太蔡少芬，對，我的太太是蔡少芬。有人說我這輩子都要靠她，我可以告訴大家，沒錯，我這輩子的幸福都靠她了。我謝謝她陪我一起走過所有的艱難，在我最低谷的時候，我態度很不好地對她說：『只有妳一個人欣賞我有什麼用！』今天，謝謝你們頒獎，給我鼓勵，讓大家知道，除了我太太，還有其他人欣賞我。我們在結婚的時候說過一句話，『要風雨同路』。風雨我們有了，希望還有更多的風景，我們一起同路。」

臺上的張晉真情流露，台下的蔡少芬喜極而泣。連我這個看影片的觀眾，也被氣氛感染得羨慕不已。

蔡少芬和張晉，這段世人眼裡女高男低的婚姻，走過十年風風雨雨。在人言可畏的歲月裡，如果沒有互相扶持、沒有彼此欣賞鼓勵，怎麼能走下去呀？

02

有一天早上，我帶著兒子去樓下的餛飩店吃早餐。店裡人多，只能拼桌。跟我們同桌的應該是一家三口，小夫妻看樣子比我小幾歲，孩子大概上低年級。

孩子胃口小，一碗餛飩吃不下，女子怕浪費，便把孩子碗裡的幾個餛飩放到自己碗裡來了。只見男人一臉嫌棄地說：「妳吃這麼多啊，妳是豬啊！妳這個冬天胖了有兩、三公斤了吧？」

聲音不小，很多人都聽到了，女人明顯地感到尷尬，並不作聲，悶頭吃餛飩。

孩子吃完了，坐不住，把屁股下的椅子扭來扭去。男人訓斥了一下孩子，又指責女人道：「也不知道妳是怎麼教孩子的，這麼皮！一點規矩都沒有！」

女人聽不下去，立刻火了：「你說我不會教，那你來教啊！下了班就賴在沙發上玩遊戲，喊都喊不動，你還好意思說我……。」

一大早，這對小夫妻就在餛飩店吵開了，他們互相指責，飽含譏諷，互不相讓，孩子在一旁傻愣著。

店裡的其他食客在打圓場：「好了好了，都少說兩句。」

當時我就在想：如果一對夫妻，彼此帶刺，吹毛求疵，總是盯著對方身上的缺點，大肆攻擊，真的傷人傷己。這樣的夫妻，談什麼恩愛？這樣的家庭，哪有什麼溫度可言？

更恐怖的是，夫妻關係緊張，孩子也會有樣學樣，從父母的言行中，他學到了最習以為常的東西。他在日常學習和生活中，在與人交往中，也會成為一個只知道挑剔而不知道欣賞別人的人。

03

我的一個男性讀者邱先生向我傾訴：「我受不了她了……我想跟她離婚……。」邱先生告訴我，自從結婚以來，他在老婆面前像一個玩具，總是被她耍來耍去，無論他怎麼做，怎麼改變，老婆都對他不滿意。

以前，邱先生在公司上班，工作輕鬆，離家近，只是賺錢不多。他老婆就一直說他窩囊，不會賺錢，不知道去創業，經常拿他跟閨蜜的老公比，說他害得自己在朋友面前低人一等。後來，他咬牙從公司辭了職，開始下海創業。可是換了好幾個產業，都沒什麼起色。老婆在家又是沒好臉色，說他幹什麼都不成，她嫁給他真是倒楣。

他忍無可忍地回嘴：「妳看誰順眼就找誰去啊，妳這麼勢利眼，我還後悔呢！」回嘴的後果，又是一場家庭大戰。

再後來，老天爺終於眷顧邱先生了，他的生意火紅起來，事業上順風順水，小有成就，賺得不少。可是他老婆又開始譏諷他，說他小人得志，不懂得低調。說他有了錢，依然沒有品味……。

邱先生無奈地告訴我：「我都害怕回家，就怕她說我這裡不好，那裡不對，把我說得一文不值，我對我們的婚姻真的沒有信心。」

你看，這就是惡語中傷的後果。

妻子如果一味地指責丈夫，看不到自己丈夫身上的閃光點，那麼丈夫肯定不堪重負，甚至有可能逃之夭夭。

04

那麼，彼此欣賞的夫妻，是什麼模樣呢？

我就特別欣賞我閨蜜妮妮的老公的做法，不管什麼時候，妮妮在他眼裡都是棒棒的，把她誇成了一朵花。

我和妮妮一起逛街買衣服，妮妮把買回來的大衣展示給老公看，他沒有敷衍，而是由衷地讚美：「妳眼光真好，會挑衣服，這件衣服穿起來特別好看。」

妮妮的老公還不忘告訴我，妮妮幫他買的衣服，他都非常喜歡。

上週，我和妮妮一起去剪頭髮，妮妮換了個短髮。剪完之後，她不禁懊惱不該剪去長髮，短髮不如長髮嫵媚。

沒想到，她老公仔仔細細地端詳之後，居然連誇這個髮型好：「真漂亮！妳剪這個短髮顯得更年輕俏皮。」一句話，驅散了妮妮臉上的愁容，反而把她逗得笑起來。

你看，從老公的言談舉止中，老婆獲得良好的心理滿足感，心情也愉悅起來。

因為作為老婆，沒有比老公的讚賞更有意義的了，即使是長相一般的女人，只要老公認為她美，並且能夠準確指出她的獨特之處，表示出發自內心的讚美和愛，她就不會為自己的相貌平平而擔心和苦惱了。

同樣的道理，對於老公來說，老婆對老公的欣賞也會起到鼓勵的作用，更會促進夫妻關係的和諧。

比如老公難得下廚做頓飯，不會說話的老婆也許會譏諷：「喲！今天太陽打西邊出來啦？怎麼想起來要做飯，良心發現啦？」

妳說，正在辛苦做飯的男人還會有好興致嗎？我敢保證，他下次絕對不會再下廚。

懂得欣賞老公的女人會怎麼說呢？

就算老公做的飯菜再怎麼不好吃，她也會肯定老公主動下廚的積極性，也會對老公的廚藝表示讚賞：「老公，謝謝你做飯給我吃。我覺得味道還不錯呀。」

即使老婆委婉地指出男人在廚藝方面還有進步的空間，他也會欣然接受，心裡甜滋滋的，爭取下次改進。

夫妻感情需要培養，相互欣賞是其中的關鍵之處。夫妻之間，最忌諱的就是忽視對方積極的表現。

人都有自尊心，夫妻之間彼此互相鼓勵，互相欣賞，讓對方能隨時隨地感受到你永遠是他／她心中最好的！這樣的欣賞才是知己者的欣賞，勝過其他的付出，婚姻生活也會因此而日益增色。

05

好孩子是家長讚美出來的，好學生是老師讚美出來的，好員工是主管讚美出來的，好夫妻是夫妻雙方互相讚美出來的。

夫妻之道，千言萬語，似乎可歸納為兩個原則：一是努力使自己被對方欣賞；二是努力去欣賞對方。

夫妻雙方，無論是哪一方，都不要在平淡的婚姻生活裡放逐自己，應該不斷地進步，提高自己的能力，增加自己的魅力。這樣的你，才值得被愛，被尊重，被欣賞。

同時，對你的愛人也不要吝嗇你對他／她的欣賞，這是對對方的一種承認、肯定和鼓勵。婚姻，不該是兩個人相互指責，熬日子，而是兩個人相互欣賞，共同成長。就算是在亂如麻的生活中，也能發現伴侶身上的光，讓彼此擁有愛的力量，讓生活越來越敞亮。

好的婚姻，離不開好好說話

01

每個人都有情緒，情緒是一種心態，一種反應，一種心理活動。情緒左右著一個人的思維與判斷，影響著一個人的語言和行為。

一位教育家說過，成功的秘訣就在於懂得如何控制自己的情緒。

而在我看來，大多數人在日常生活和工作中，很難管理好自己的情緒，情緒問題如果得不到控制和處理，就會借著話語發洩出來。

而聽者呢？自然不願意為你的不良情緒埋單，你惡言，我惡語，你來我往，最後把一切事情都攪得面目全非。

別看我在吐槽別人，其實就連我自己也做得不夠好。就在前幾天，我跟周先生鬧得不愉快了。

那天，周先生去江陰辦事，說到晚上才能回來，我和孩子小鳥兒在家看書寫文，約好了等他回來一起吃晚飯。

到了晚上七點，小鳥兒堅持要去樓下的露天游泳池玩水，因為之前答應過他，為了不失信於孩子，我便同意了，讓他一個人下樓。我再三提醒小鳥兒，八點之前必須回來。

我本想的是，周先生八點到樓下，等我們母子下樓一起出發就好了。我計劃得挺好的，是不是？可是，我忘了小鳥兒一玩起來會忘了時間。八點到了，小鳥兒還沒回來。

而此時，周先生已經到了樓下，打電話要我們下樓。我只得在電話裡跟他商量：「小鳥兒還在游泳池那裡，等他回來了，我跟他一起下去，你在樓下等我們，先在車上休息一會兒。」

我這話說得不錯，是不是？可周先生當時來了句：「我忙了一天，又累又餓，看傢俱、看家電，還要找人安裝……妳就不能不讓小鳥兒去玩水？妳一點都不心疼我。」

什麼啊！本來我聽到第一句話，內心還挺歉疚的，可是最後一句話成功激怒了我——我不心疼你？我不心疼你？我為你端茶遞水、鋪床疊被、洗衣做飯、照顧老小，為的就是不讓你有後顧之憂，你說我不心疼你？

我的怒氣也上來了，在電話裡反唇相譏、寸土不讓：「你又累又餓，我也忙了一天啊，我也沒吃飯啊！你居然說我不心疼你，沒良心！」

你看，我也沒說什麼好話。

我氣呼呼的，感覺到電話那頭的周先生也是氣呼呼的。針尖對麥芒，一觸即發。

我迅速在心裡組織了千百句話準備用來回覆他，無論他說什麼，我總能反駁他，說他個啞口無言，說他個無言以對。來呀！互相傷害呀！

哪曉得，周先生「啪」地把電話掛了。

好比是正在大口大口地喝水，突然噎住了似的，我握著手機愣在客廳。算了，我收拾東西下樓，直奔游泳池，高音調、大嗓門地在一大群孩子間叫小鳥兒趕緊出來。

小鳥兒聽到了，很快就從泳池裡爬了上來，他撒開腳丫子跑到我身邊。

我餘怒未消，把負面情緒對著小鳥兒發洩道：「說好了八點回家，怎麼不記得？是把我的話當成耳邊風了嗎？」

本來小鳥兒玩得忘我，所以他臉上還掛著玩水的興奮，似乎還要告訴我一些好玩的事。

可是，我的話音剛落，小鳥兒的臉色頓時變了，變成了苦瓜臉。我那不好聽的話澆滅了他想跟我分享快樂的欲望。

02

那一刻，我冷靜了下來。

我們為什麼不能好好說話？明明可以換一種心態，換一種說法，卻偏偏把難聽的話拋給對方，傷了自己最親的人。周先生對我如此，我對周先生如此，我對小鳥兒也如此。

好好的家庭氣氛，好好的親子關係，硬生生地被幾句不好聽的話給破壞了，愉快的一天以不愉快的方式草草收尾。說到底，我們都沒管理好自己的情緒，把那冷冰冰的話刺向對方的心臟。

這種語言暴力帶給對方的傷害，和打對方一巴掌有什麼區別？

那多餘的一句話，包含著疑問、指責、批判，負能量爆棚，足以使人爆炸，使家庭關係劍拔弩張，這樣的生活，我並不喜歡，也相信所有人都不喜歡。

不只是家庭關係，其他時候也一樣。人與人之間的相處，誰都不想做別人的情緒垃圾桶，我們都要學會管理和控制自己的情緒，不要任由傷害別人的話脫口而出。當你逞一時口舌之快，造成的後果不僅僅是一場爭吵、一次冷戰，更可能發生其他不堪設想的後果。

聰明的人，一定會好好說話。

在這裡，有必要交代一下後續。

我拉著小鳥兒上車之後，臉色已經緩和了，而周先生亦然，看來我們兩個人都自我反省了。那麼，之前的舊帳就不必再提了，一家人高高興興地去吃飯。吃完飯，周先生說去買點水果，他喜歡的西瓜，我喜歡的櫻桃，小鳥兒喜歡的甜桃，他都買了。

你看，完全沒問題，這件事已經翻篇了。

為了顯示出我的賢慧，我說：「回家我幫你切西瓜。」

到家之後，先是安頓收拾，然後我在電腦前專心寫文章，周先生躺在沙發上休息，用手機下棋。也不知道過了多久，只聽周先生在沙發上嘆息：「唉……不知道我睡覺前能不能吃到西瓜……」

我猛地醒悟過來：他這是在抱怨我沒切西瓜給他吃！

我寫文章入神，忘了這件事了。可是你就不能好好說一句「我想吃西瓜，妳可以去切一下嗎」？

當然，這些都是我心裡的想法，沒說出口。因為我想起之前的反思，強迫自己滅了火氣說：「好啦，我這就去切。」

我真是了不起。嘻嘻。

就算是一家人，相處也要有分寸

01

上週五，我跟周先生鬧得不愉快了。準確地說，這事不怪周先生。

事情是這樣的，那天晚上，我教完小鳥兒和小侄女的家庭作業，終於得空在電腦前寫點東西。這時，小鳥兒嚷著要洗澡，我便請坐在沙發上玩手機的周先生去幫小鳥兒看看，順便讓他倆一起洗澡。周先生隨即起身，拉著小鳥兒去浴室。

這時，我媽突然走過來，嚴肅地對我說：「妳不能去幫孩子洗洗嗎？他都辛苦一天了。」「他」是指周先生。

當時我就愣住了，首先小鳥兒長大了，男女有別，爸爸看他的私處、帶他洗澡，這是應該的。其次，周先生忙了一天確實辛苦，但我也沒閒著，他樂意幫我分擔，這也是應該的。

最主要的是，我讓周先生帶兒子去洗澡，我覺得沒問題，周先生也覺得沒問題，而我媽站出來指出我的安排不公平，覺得我不體諒周先生，而且是當著周先生的面說的這話，她這麼一說，本來沒有問題的事也會變得有問題。

我甚至在想，被我媽這麼一說，周先生會不會覺得我確實不夠體諒他的辛苦？

類似的事情還有不少，畢竟我媽平時住在我們這裡，在她眼皮子底下，我和周先生的相處也就有令我媽看不慣的地方。

比如我正在忙著寫文章的時候，會讓周先生下樓去遛狗，我媽就會順口說句：「讓他這樣爬上爬下，不累啊？」我便會有些不悅。

再比如，我和周先生平日說話開玩笑慣了，口無遮攔，就算我說「不好聽的」，周先生也覺得無所謂，這是屬於我們之間關起門來的小玩笑、小情趣。在外面的話，我絕對不會這麼講。

但被我媽聽到了，她又會一本正經地教訓我：「妳怎麼能這麼說話？」她是當著周先生的面說的，她一說這話，我和周先生之間的玩笑氣氛全無，剩下的只有面面相覷的尷尬。

所以那天晚上，我跟周先生賭氣了，覺得我媽心疼他而不體諒我，潛意識裡認為周先生認同我媽的話，這當然是我無理取鬧。

躺著也中槍的周先生也覺得委屈：明明不是我的錯，為什麼要跟我生氣？

後來，我和周先生討論了一番，一致認為問題出在我媽身上。

我媽好不好？好！是不是好心？是好心！但是她沒把握好與晚輩相處時的分寸感。

有人也許會說，都是一家人，是自己的媽媽，說分寸感太過生疏了。

可是事實上，越是親近的人，越是自己身邊的人，相處時越要注意分寸感。如果沒了分寸，打著為小夫妻好的旗號，做的卻是有離間嫌疑的事，那麼給予小夫妻的傷害也是最深、最致命的，等於是枉做好人。

古人說：「不聾不啞，不做家翁。」可見真正聰明地為子女計深遠的父母是要學會裝糊塗的，他們懂分寸，知進退，分得清何時該挺身而出，何時又該裝聾作啞。

夫妻之間定然最懂得彼此的性情，偶爾小吵小鬧是生活的調劑品，父母要相信兒女有足夠的智慧面對婚姻瑣事。若實在難以解決，父母再挺身而出也不遲。而若非原則性問題，父母則躲得越遠越好，實在無須插手。

這個不插手，就是父母與子女之間的分寸。

02

清明假期的第二天，我和閨蜜禾子帶著孩子去興化看千垛菜花。因為是個大熱天，一圈玩下來，我們都有點覺得疲累，我便提議去泡溫泉。

因為是臨時起意，事先沒有準備泳衣。到了目的地，我和禾子先去購物區買泳衣。泳衣陳列在貨架上，花花綠綠，款式挺多，我們倆邊看邊選，相互評論著哪套好看。

旁邊有一對中年男女，從他們的對話中聽得出是一對夫妻，女的也是在仔細地挑選著合適的泳衣。

等到我們去結帳的時候，那個女的手裡拿著一件泳衣正在徵求男人的意見：「這件好看嗎？」沒想到，男人立刻答道：「四十多歲的老女人了，隨便買一件就好了，誰會看妳啊？」

聲音不小，語驚四座，我和禾子還有收銀員都不約而同地轉過頭去看那個女人。

說實話，女人確實上了年紀，但頗有一番風韻，打扮也考究，不是那種蒼老醜陋得不能入眼的女人。

見我們在看她，她的臉就紅了，神情很是尷尬，她瞥了男人一眼並小聲責怪道：「怎麼這麼說話呢！」

男人大概也是開玩笑，卻不知道在大庭廣眾之下收斂，依然順嘴道：「我說得不對嗎？妳本來就是四十多歲了嘛！還能裝小女孩啊？」

男人是笑著說的，也許他覺得老夫老妻之間開開玩笑無所謂，可是這樣的玩笑話卻讓妻子在眾人面前出醜，下不了台。

後來，我跟禾子泡完溫泉，就去池邊的躺椅上休息。正巧看到剛才買泳衣的女人也在，她正躺著靜靜地翻看一本書。

我倆不禁為她利用碎片時間來閱讀感到佩服，突然看到她先生朝這邊來了，邊走邊嚷：「真是假正經，沒事看什麼書？」

女子欲言又止，看了我們一眼，悻悻地收起了書。

當時我和禾子就感嘆：夫妻之間相處也要懂得分寸，即使再親密，即使再熟悉，也不可失了分寸，這個分寸就是彼此間的互相尊重、互相維護，而不是當眾打臉。

相互陪伴的人，自以為熟透了，說話做事失了分寸，心裡沒數，不知對方心裡會介意，弄到最後，關係反而會疏離。

03

就算是一家人，相處時也要有分寸。

分寸感是成熟的標誌，分寸是人與人之間必要的距離。這個距離意味著尊重對方的獨立人格。

家人相處的分寸感，就是父母進子女房間時懂得敲門，不隨便翻看孩子的日記本，不偷聽孩子的電話，不窺探孩子的秘密。

家人相處的分寸感，就是夫妻之間以禮相待，尊重對方的興趣和隱私，給予對方信任和個人空間，不隨便翻錢包、翻手機，手機密碼和支付密碼不一定非要讓你知道。

家人相處的分寸感，就是夫妻之間在大庭廣眾之下給足對方面子，不拆臺，不打臉，不碰軟肋，不觸底線，不揭傷疤。

家人相處的分寸感，就是公婆不過分干涉兒子媳婦的生活，懂得睜隻眼閉隻眼，不在兒子面前說媳婦花錢大手大腳，不說風涼話。

家人相處的分寸感，就是兒媳女婿亂買東西、愛看韓劇、迷戀手機、不愛做家務、喜歡上館子時，長輩就當看不見。兩代人受的教育不一樣，價值觀和生活方式也不一樣。

家人相處的分寸感，就是老人不在外說兒子、兒媳、女兒、女婿的毛病，不碰他們的衣櫥抽屜，不洗他們的內褲內衣。

家人相處的分寸感，就是小夫妻有爭執時，公婆不插手，岳父母不干涉，不幫著自己家孩子批評別人家孩子，有小姑的，小姑也不多嘴，讓小夫妻自己解決。

家人相處的分寸感，就是雙方父母不跟小夫妻搶奪教育孩子的權利，就算他們再沒有水準。

家人相處的分寸感，就是不輕易挑戰對方底線，心中有把尺，行動有克制，互有忌憚和包容。

作為相親相愛的一家人，這個「愛」要在有分寸的基礎上。良好的分寸，進退有據，不卑不亢。

不能愛著愛著就昏了頭，失了分寸，像一部剎車失靈的汽車，飛馳起來只顧著瀟灑了，完全不顧忌前路可能有坑窪、岔道、圍牆，在急速中眩暈，不知道會撞向何方，不知道會不會車毀人亡。

願每個家庭裡的每個人，既有愛，也有分寸感。

要知道，一家人越有分寸，這個家的生活就越容易過得幸福。

家暴，只有零次和無數次

01

青麥抱著孩子來我家時，她氣喘吁吁，驚魂未定。就算我讓她喝了點水，安撫她一番之後，她還是心驚不已，聲音顫抖。

我叫她慢慢說。

事情是這樣的：早上，青麥帶著孩子坐在老公大志的車上，一起前往江陰探親。從江陰回泰興的路上，大志一不留神，忘記從泰興東下高速回市區，而是繼續北上，往泰州開去了。

因為半途不能下高速公路，必須到泰州出口才能掉頭。大志便不高興了，開始惡狠狠地責怪青麥：「都怪妳，跟我說話，讓我分神，要不然我也不會錯過出口！」

青麥覺得很冤枉，明明自己坐在後座，陪著孩子牙牙學語，根本沒跟大志說什麼，怎麼怪到她頭上了？

青麥不辯解還好，一辯解，大志越發火大，控制不住地嚷道：「那還不都是因為妳在後座說個不停，影響到我開車！」

大志說完這句話，就把油門踩得嗞嗞響，飆起了車，在車流量還挺大的寧通高速公路上，一會兒加速，一會兒減速，在車輛間穿梭，擦著別的車輛呼嘯而過。

青麥嚇壞了！她緊緊地摟著孩子，緊張得要命，生怕出什麼意外。青麥還得拼命地忍著內心的恐懼，假裝鎮定地提醒大志：「開慢點！寶寶還在車上！」

可大志「哼」了一聲，根本不聽青麥的勸告，依然把車開得既快又猛，風馳電掣一般。

「是妳害我開錯的！」大志冷冷地說，依然是我行我素。

從泰興東到泰州，再到泰興北，這一路高速行程，大志開了差不多三十分鐘。

這是青麥人生當中第二次覺得在車上的時間太漫長了……。

她緊張到手心冒汗，小腹脹痛，竭力克服恐懼心理，她一邊保護懷裡的孩子，一邊苦口婆心地勸說大志，心中暗暗祈禱：千萬別出事，孩子不能出事！青麥甚至都不能確定他們能不能安全到家。

我問青麥：「妳說這是第二次？」

青麥點點頭，說：「第一次也是這樣的情況，一模一樣，也在高速公路上飆車。那一次，發生在我懷孕六個月的時候。」

02

聽著青麥的講述，我一陣一陣地感到心驚。

一個大男人，明明是自己開錯車，卻賴到老婆頭上，連這點錯誤都不能承認，還指望他能承擔多大的責任。

再者，車上坐著自己的老婆和幾個月大的孩子，他卻置他們的安全於不顧，負氣超速開車。這樣開車很容易發生事故，是拿老婆和孩子的性命當賭注。

青麥說：「大志這個人，做事衝動，很容易走極端，大男人主義又重。」

事後，大志告訴青麥，他是用這樣的方式來發洩心中的怒火，也是在懲罰她。

我小心翼翼地問青麥：「你們吵過架嗎？他……打過妳嗎？」

一聽我這麼問，青麥控制不住地哭了，像孩子似的，眼淚止不住地往下流。青麥說，在她懷孕的時候，大志就動過手。

那天晚上，大志著急找他的襯衫，說第二天要穿，找不到，便連聲喊青麥幫他找。

青麥孕期有些便秘，她當時在馬桶上坐著，沒能及時地出來找襯衫。

大志頓時火冒三丈，把臥室的衣櫥、櫃子和抽屜裡的衣物全部翻了出來，一邊翻一邊扔在地板上，踩在腳底下，嘴裡還在罵。

青麥看見家裡一團糟，忍不住說了句：「你發什麼神經？」

這句話激怒了大志，他朝青麥嚷道：「哪個老婆不是把男人的衣服收拾得整整齊齊的？就妳什麼事都不做！別以為懷了孕就有多嬌貴！」

說到憤怒處，他抓住青麥的肩膀，使勁地往地上一推。青麥被推倒了，她不忘抱著肚子，怕撞到孩子。膝蓋著地，當下就淤青了。

青麥哭著要回娘家，冷靜下來的大志慌了，跟青麥連聲道歉，說自己以後不會再犯。

可是，大志的暴力行為並沒有收斂。隨著孩子的出生、長大，加上柴米油鹽的瑣事，每當兩人有什麼爭執，大志便會對青麥非打即罵。罵，都是罵本地的粗話，極其難聽。打，都是揪頭髮、打耳光、用腳踢……青麥的臉上、身上都是傷痕。

青麥告訴公婆，公婆卻幫兒子說話：「他就那個暴脾氣，妳要是不惹他生氣，他怎麼會打妳？」

青麥不忍心回娘家告訴自己爸媽，她媽媽老實規矩，爸爸之前患了胃癌，切除了二分之一的胃，一直在家靜養，不能因此事影響到他的情緒，使他的病情惡化。

青麥的淚水止不住地往下流，哽咽道：「有一天晚上，大志再一次跟我動手，用拳頭使勁打我的腰和背。第二天一大早，我接到我爸的電話，我爸在電話裡告訴我，他晚上做噩夢，夢見我被壞人追殺，就驚醒了。他問我有沒有什麼事，有事一定要告訴他……。」

當時，青麥握著手機，拼命地捂住嘴巴，不讓爸爸聽見自己哭了，淚水「吧嗒吧嗒」地滴落在地板上……。

03

哪個女孩在父母心裡不是心肝寶貝，可是心肝寶貝嫁到了別人家，卻被男人隨意打罵。父母要是知道自己的女兒在他們看不見的地方受罪，該多麼心疼啊！

在婚姻中，家暴的男人最危險。這樣的男人，大多自私、偏執、衝動、死要面子。

嫁給一個有暴力傾向的男人，妳想要的是他的愛，而他給妳的卻是無盡地傷害與折磨。有暴力傾向的男人，他的情緒控制力會不足、個性極端。不論妳是職場女性還是全職媽媽，不論妳是貌美如花還是外表平庸，他都會對妳施暴。

家暴，只有零次和無數次。

04

家暴是不會長眼睛的，也不會挑時間。而女人，大都心太軟。被家暴後，男人不停地懺悔，發誓是最後一次。於是，女人為了孩子、為了父母、為了完整的家庭，就原諒了、忍耐了。可是，男人求和多了，被原諒多了，也就麻木了，打完了，發誓完了，悲劇還會繼續惡性循環。

女人的原諒被看成是改善夫妻關係、維持家庭和諧的必要態度，男人會把女人的原諒解讀為逆來順受，認為打女人也沒有關係，反正她遲早會原諒自己。

妳還沒能從上次的挨打經歷中完全回過神來，下一頓的打罵又悄然而至，所有的誓言化為烏有，迎接妳的是更大的暴風驟雨。

都說「寧拆十座廟，不毀一樁婚」，但是，每次接到有關家暴的諮詢，我會無一例外地勸說她們離開家暴男。因為家暴是婚姻裡的一條毒蛇，是真的會出人命的。不要讓家暴繼續在生活中蔓延，不要讓自己蒙受更大的損失，不要讓身心承受更多的痛苦。

也許一些男性讀者會指責我破壞別人家庭，拆散別人婚姻。

呵呵，拆散婚姻的不是我，是家庭暴力，好嗎？

要不然，你讓女人甩你耳光、掐你脖子、踢你後背，再跟你說聲「請原諒，對不起」。行不行呢？

學會給婚姻「放個假」

01

女人把男人管得太緊，讓男人失去自我，不是什麼好事。

有一天，我們寫作群組裡的幾個人約好一起吃晚飯，聊聊天、吹吹牛，互相交流心得。

到了飯店包廂，一桌人快坐齊了，這時有人問起：「大斌老師怎麼還沒到？說好了來參加的。」

大斌也是我們寫作群裡的一員，之前幾次聚會，他都沒到，總是說有事。這次聚會，群裡老大再三邀約，對我們打包票，說大斌肯定會到。

臨近約定時間，大斌才氣喘吁吁地來了，他忙不迭地跟大家打招呼，大夥兒也不介意，各就各位，圍著桌子坐下了。

我只看過大斌老師的文字，沒見過真人，今兒一見，跟我想像中的差不多，斯斯文文的樣子，看起來憨厚老實，話雖然不多，但他每次說話都能說到重點上。

吃到一半的時候，大斌的手機響了，本來聊得挺歡的大斌立刻住了聲，像聖旨駕到似的接起了電話，小心翼翼地說：「在吃飯……八、九個人……沒喝……吃完了就回去……。」

大夥兒都默不作聲，專心等著大斌接完電話，包廂裡很安靜，隱約聽見電話那頭的女人在聲聲追問，這邊的大斌在一一作答。

好不容易掛斷了電話，桌上的人繼續聊天，沒想到，二十分鐘後，大斌的電話又響了，有人打趣道：「大斌老師的業務還挺繁忙的。」

大斌訕訕地笑著說：「還是我家那位的電話。」

接了電話，只聽到電話那頭的聲音炸了：「怎麼還不回來？你到底在哪裡？說了一會兒回來，怎麼到現在還沒回來？」

大斌一邊好言答應著老婆馬上回家，一邊抱歉地看著大家。

掛了電話，桌上的氣氛有些尷尬，大家面面相覷，都不知道怎麼開口。倒是大斌說話了，自我解嘲。

「不怕大家笑話，前幾次聚會之所以沒來，就是因為她不肯，要我在家陪她。今天本來也不讓我出來，我說了好幾次，她才鬆口答應。」大斌無奈地說，「你說我不抽菸不喝酒，下了班就回家，薪資全部交給她，僅有的愛好就是寫寫文章，偶爾打打球，但她就是對我不放心，難得在外吃頓飯，還得打電話不停查勤。」

話才說完，大斌的手機又響了，大斌按了掛斷，電話繼續打來，大有不接電話誓不甘休的意思。

我看著大斌，心想：這哪是吃飯，簡直是上刑。

看著桌子上嗡嗡作響、閃爍不停的手機，大斌接也不是，不接也不是，只得跟大家告辭：「我再不回去，她就要大鬧了。」

等到大斌走後，大斌的同事告訴大家，有一次他和大斌一起去南京出差，兩人住一個房間，大斌老婆的視訊電話一個接著一個，還要大斌把房間的角落都拍給她看，包括床底下。

那次他問大斌是不是有什麼感情方面的前科，所以老婆看得這麼緊。大斌賭咒發誓，絕無此類事情，對婚姻絕對忠誠。

「她一直是這樣，說得好聽些是依賴，說得難聽些就是管得太嚴。」大斌也無可奈何。

02

有些女人結婚後都有一種奢望，就是希望老公與自己同呼吸，共命運，保持步調一致，生活習慣也一樣，一天二十四小時恨不得都在一起，假如不在一起，也得知道他的準確方位，最好彼此透明。

她們喜歡圍著老公轉，對老公的飲食起居瞭若指掌，並企圖全盤掌握老公的生活。老公有什麼心事，必須跟她說；老公參加一個活動，必須向她彙報，恨不得變成老公肚子裡的蛔蟲才好；手機、支付寶、微信的密碼她得知道，聊天記錄必須隨意查看，如果不給看，那就是心裡有鬼；花出的每一分錢都要交代清楚，去哪個地方都得手機定位，如果不同意，那就是跟哪個女人在約會。

這樣的做法，往往被女人冠以「在乎」的名號——我這麼緊張，還不是因為在乎你？

因為在乎，所以害怕失去，害怕自己掌控不了對方，害怕對方不愛自己。於是便時刻關注著老公的一舉一動，犀利的洞察力猶如名偵探柯南。

因為他對異性的一個眼神而醋意橫飛，因為他沒及時回覆訊息就大發雷霆，接下來甚至會引發一場唇槍舌劍，家裡成了硝煙彌漫的戰場。這樣的女人，真的有些傻。妳總是情不自禁地要干涉他的私人空間，這難免會造成他對妳的排斥和反感，結果因為自己的捕風捉影和種種猜測，把他推向了離妳更遠的地方，而妳也漸漸失去自我。

真正的愛是要給予對方一定的空間和自由的。不給對方一個私人空間，那麼妳的愛也會成為一種負擔，妳會使自己的感情畫地為牢，徒增煩惱。

03

婚姻裡需要給彼此適當的空間，那麼，在戀愛中同樣要給彼此自由。

我有一個朋友叫茶茶，是個大齡未婚女青年，在相親道路上一直坎坷，始終沒有遇到自己特別滿意的。

我想當紅娘的心蠢蠢欲動，便把她介紹給我的一個學弟小徐。兩個人一見面，聊得挺開心的，感覺還不錯，我當時就覺得有譜，也為他們感到高興。

這是一月的事，之後我也就沒怎麼過問，讓他們自己聊。清明假期，我遇到了茶茶，便有意無意地問起了她和小徐進展如何。她嘆了口氣，說：「我們已經分手了。」

我大驚，連忙問為什麼。茶茶說：「本來感覺挺好的，可是相處久了就發現他給不了我想要的安全感。」

茶茶不再多說，我也不好多問，只是覺得可惜，這麼好的女孩，樣貌不錯，工作不錯，小徐怎麼就不好好珍惜呢？

後來我打了個電話給小徐，問他到底怎麼回事。

小徐說，不管他在哪裡，做了什麼，茶茶都要事無鉅細地打聽行蹤。就算是和同事一起唱歌、喝酒，茶茶總要問個清楚，越詳細越好：幾個人？在哪裡？有女的嗎？如果全是男的，茶茶就會大舒一口氣。如果有女的，茶茶便會不開心，開始胡思亂想，怕小徐跟別的女孩子多說話。小徐在外應酬的時候，她會不斷地發訊息給小徐。小徐沒有秒回，她就擔心小徐是不是不愛她了，緊接著就是奪命連環Call，一直打到手機沒電為止。

讓小徐受不了的是，茶茶還向他打聽他前女友的情況，並且悄悄關注了前女友的微博，盯著小徐有沒有跟前女友聯繫。

更過分的是，茶茶有一次趁著小徐玩遊戲的空檔，獨自在書房偷看小徐以前寫的日記，那是小徐的隱私。小徐發現了，朝著茶茶發火。而茶茶眼淚汪汪的，覺得自己很委屈。

聽了小徐的話，我才明白茶茶所說的安全感原來是這個樣子的：你的一切我必須知道，你的過往我必須瞭解。

只是，這樣的後果往往是「你的未來我參與不了」。

一開始，小徐還不厭其煩地哄她，後來愈演愈烈，茶茶覺得小徐給不了她想要的安全感，小徐覺得茶茶對他管得太緊，久而久之，兩個人都累了，便分手了。

04

喜歡是放肆，但愛是克制。

無論戀愛也好，婚姻也罷，總是以愛作為基礎，在愛情中學會克制，並不是不愛，而是為了更體諒和理解對方。

在愛情中，有些女人和男人在一起的時候，想讓他知道自己所有的好，也想讓他這個人全心全意地對自己。自認為為對方做了很多事情，給予了十分的狀態和十分的精力，永遠繃緊了自己的神經。其實，對方並不喜歡妳這樣。

明明妳想表達的是愛，是在乎，可是在別人眼裡，妳是偏執，甚至有些恐怖。就算愛一個人，也別管得太緊。

俗話說，距離產生美，和愛人保持適當的距離是愛情中相處的藝術。靠得太近，過分的親密，必然導致愛情失去新鮮感，從而讓對方厭倦。別把愛變成束縛，失去了自由呼吸的空間，換做誰都會產生窒息的感覺。

我的好友青萍，她先生在浙江做生意，我曾跟她開玩笑：「妳家老吳常年在浙江，妳放心他嗎？」

青萍是這麼說的：「我信任老吳，老吳也信任我。夫妻之間的相互吸引，從來不是靠約束、管教對方來維持的，而是靠妳自身的魅力與自信。與其拿時間和精力去討好、管束男人，不如學著經營自己，做一個充滿自信和成就感的女人。」

我看著眼前這麼一個善於經營自己並充滿智慧的女人，由衷地佩服。

給愛一個透氣的空間，也讓女人能夠有足夠的時間去做自己，讓自己變得更強大、更優秀，男人的目光自然緊緊地被妳吸引。

在生活中，我們追求寬大和舒適的空間，寬大的房、超大的床、落地的窗，這些會讓我們覺得心胸開闊，沒有人願意在擁擠而狹小的昏暗房子裡生活。

婚姻也是這樣，給彼此一些獨立的空間吧。讓他有機會想到妳的好，有機會從遠距離欣賞妳的風華。

4

滋養幸福，不妨從陪伴開始

最溫暖的事，莫過於——
桌上有飯，枕邊有人，眼裡有光，心中有愛。

我願有人與你共黃昏，有人問你粥可溫

01

我見過這樣一對夫妻。當時是在一家海鮮自助餐廳，我和朋友各自帶著孩子一起去的，本著「餓到扶牆進，飽到扶牆出」的宗旨在餐廳大快朵頤。

那對夫妻帶著孩子就坐在我們隔壁，默默地吃著，很少聽到他們說話。男的眼睛盯著手機，左手手指在螢幕上滑著，女的專心照顧孩子吃飯。

吃到一半的時候，服務生來桌邊埋單，走到那對夫妻身邊，突然男人驚呼起來：「這麼貴！」聲音不小，我和朋友忍不住抬頭側目，還有另外幾個食客也察覺到了，不由自主地往他們那桌看。女人一臉通紅，小聲地息事寧人：「我來給，我來給。」然後低頭掏錢包。

看著女人掏錢，男人還是不願妥協：「早知道這麼貴，就不來吃了！妳吃吧，我不吃了！」女人十分惶恐，倉促地環顧四周，再低聲央求：「來都來了……來都來了。」男的氣呼呼地不說話，一臉憤怒。

真的，從那一刻起，男人真的不吃了，一口都不吃，坐在椅子上，抱著手臂，死死地盯著女人吃。

在這樣沉悶壓抑的氛圍裡，在如此嚴厲眼神的監督之下，女人和孩子要想放開了盡興地吃飯也是為難。如果再加上諸位食客或詫異或同情或憐憫的目光，對於這個女人來說，就更是一種雙重的精神淩遲。

我和朋友都不忍心再看了，連忙收回了目光。

說實話，一位客人人民幣九十九塊錢，說貴不貴，說便宜不便宜，也許人家有人家的苦楚。只是，偶爾為之，縱使覺得奢侈，為了老婆孩子能高高興興地吃頓好的，就當是難得的犒賞，男人就不能隱忍、擔當些嗎？難道自己的老婆孩子就不值得這一頓飯？

一個男人，如果連一頓好飯都捨不得給妳吃，在吃飯的時候只顧著自己吃，不考慮妳的感受，妳還怎麼指望他在生活中對妳噓寒問暖？妳還怎麼指望他在妳難過的時候給妳依靠和力量？

吃飯，能看出一個人的品性，也能看出他對妳好不好。

02

吃飯雖然是日常小事，但愛不正是從這些點滴生活中閃現出來的嗎？

這世上，有一件溫暖的小事，叫作「等你吃飯」。說到這個，我的眼前總能浮現出小時候我媽等我爸吃飯的場景。

小時候的冬天很冷，天空灰濛濛的，西北風呼呼地刮著。我媽一邊做飯一邊憂心忡忡地望著窗外，不停地念叨著：「也不知道妳爸什麼時候回來，這麼冷的天……。」

那時候，爸媽是個體戶，編織一些柳條包裝箱送到鎮上的工廠，賺錢不少，但非常辛苦。柳條需求量大，泰興是沒有的，得去一江之隔的揚中買。我爸開著拖拉機，停在江邊的碼頭上，再隻身乘著小船駛向揚中，買好柳條之後，再裝船返回。到了碼頭，還得一捆一捆地把柳條扛到拖拉機上，然後開回十裡甸。每次買柳條，當天早上出門，得第二天晚上才能到家。

這兩天是我媽焦灼的兩天，希望天上有太陽，希望沒那麼冷。到了第二天傍晚，我媽便早早地做好飯，都是我爸愛吃的。我媽把菜小心翼翼地放在鍋裡溫著，然後倚在門框上等著，時不時地扭頭安慰我和弟弟：「再等會兒，再等會兒，妳爸一回來，我們就開飯。」

直到村口傳來熟悉的拖拉機的「突突突」聲，我和弟弟飛奔出去迎接我爸。我爸把拖拉機停在門前的曬場上，我和弟弟左右各抱著我爸的手臂，拽著他進了屋子。

我媽懸著的那顆心也放了下來，一邊拍打著我爸身上的泥灰，一邊問長問短。我爸洗著手，笑著說：「江上風大，冷死了。」我媽說：「吃了飯就暖和了。」

我們一家四口圍著小桌坐著，我爸跟我們說著去揚中的見聞，說他坐的船是人家捉小豬的船，還時不時地說幾句玩笑話，惹得我們哈哈大笑。

屋裡的燈光溫暖地跳躍著，桌上的飯菜冒著帶香味的熱氣，我媽不停地夾菜給我爸，我爸把碗裡的肉又挑給我媽、我和弟弟，門外呼嘯的寒風都被拒絕在另外一個世界……。

每每回想起那些夜晚，我都覺得格外暖心。在那個物質匱乏的年代，長途跋涉歸來，老婆孩子的等待、熱氣騰騰的飯菜，就是這個世界上最溫暖的事情，這大概就是愛的味道吧。

03

一日兩人，三餐四季，沒有煙火氣的愛，根本無法長久。真正的愛，就在吃飯睡覺的點滴小事中藏著，不時透出溫潤的光來。

昨天回娘家，一起到的還有不少親朋好友，我媽在廚房裡洗洗切切，我爸蹲在地上剝大蒜、挑韭黃。我說要來幫忙，爸媽揮揮手，說他們兩個忙就行了。

煤氣灶上燉著雞，煤球爐子上熬著大骨頭湯，我媽在大鍋上炒菜，而我爸坐在灶間燒火。我媽不時關照著：「火放大點啊，青菜要爆炒……壓住點火啊，起鍋了。」我爸頭髮花白，卻像個聽話的學生似的「哦哦」地答應著。

一桌飯菜做好了，人坐齊了，我媽還在廚房清理，我爸說：「等妳媽來了再動筷子。」我們張羅著倒酒倒飲料，我爸卻幫我媽泡了奶茶，還跟我們說：「妳媽胃不好，不能喝冷的。」

等到我媽來了，一家人開開心心地吃著飯，我爸不時地替我媽夾菜，飯桌上其樂融融。

其實我爸媽平時也會吵架鬥嘴，但是過不了多久，我爸便會哄我媽開心，我媽就破涕為笑。

年輕的時候，我們總以為送鮮花、巧克力、口紅是浪漫、是愛。隨著年齡的增長，懂得生活之後才意識到：真正的浪漫和愛，就在一粥一飯之間，就是等你吃飯、陪你吃飯，把好吃的留給你。陪著你慢慢地走，一起慢慢地變老。

04

今天中午，我表妹去相親了，跟相親對象吃了一頓飯。回來之後，我問她感覺如何。表妹搖了搖頭，表示沒戲唱。

為什麼？

表妹說，對方吃飯之前也不問她喜歡什麼樣的口味，直接帶她去烤肉店，而她其實是不愛吃燒烤之類的油膩東西的；點菜時，對方也不詢問她的意見，自顧自地點了；上菜之後，他一樣只顧著自己吃飯，飲料也只幫自己倒。跟表妹說話時，嘴巴裡嚼著菜，口水和油水差點噴到表妹臉上。服務員上錯了一道菜，他硬著脖子對服務員大呼小叫，就差拍桌子跟服務員吵起來。

表妹說，這樣的男人不是她想要的。儘管飯後這個男人對表妹顯現出強烈的熱情，表示願意繼續發展。但被表妹婉拒了。

我認同表妹的意見。

吃飯前徵求妳的意見去哪裡吃、吃什麼，是尊重；吃飯時為妳夾菜、倒茶是體貼。如果連吃飯這點小事都做不到尊重和體貼，怎麼能說他喜歡妳？他怎麼值得託付終身？再者，我不認為對服務員大呼小叫的男人能有什麼教養，這樣的男人在生活中未必能有多少好臉色給自己身邊的人，更別說愛了。

05

我想起了一對年輕的夫妻，他們是我以前在鄉下小學的舊同事。

有一次，男老師去市裡參加競賽，當場抽課文和比賽的次序，他抽的是第二天上午的第一節課。當天晚上，他在市裡忙著設計教案、做幻燈片，忙著熟記教學流程，幾乎一夜沒睡。

第二天早上，他出色地上完了他的課，就立刻回鄉下。女老師在辦公室裡打電話給他，叫他直接回家睡覺，好好休息。

沒想到，過了一會兒，男老師急匆匆地推開了辦公室的門，女老師很驚訝：「怎麼不回家睡覺？」

當著我們的面，男老師變戲法似的從懷裡掏出一個奧爾良烤雞腿漢堡，遞給女老師後說：「這是妳喜歡吃的，我一上完課就去買了。怕冷掉了，快吃吧。」說完，他就推門走了。

當時他單薄瘦削的背影在我們眼裡是「大寫加粗」的「帥」，而女老師羞紅的臉是那麼可愛。

什麼是愛啊?就是有什麼好吃的都給她吃，有什麼好玩的都給她玩，讓她快樂，讓她感覺被寵。

06

網路上有句話，說得有趣卻實在：

找男友，一定要找能給妳剝栗子、剝螃蟹、剝蝦殼，買烤地瓜、買糖葫蘆、買炸雞腿、買麻辣燙、買冰淇淋、買烤肉串的。看到任何好吃的都第一時間想到妳，吃任何好吃的都讓妳多吃。連吃都想不到妳，都不讓著妳的人，還指望他能讓著妳什麼?還指望他怎麼愛妳?

愛，就是在一起，吃好多好吃的。

願你找到那個人，然後和他在一起，相互陪伴，不厭其煩，吃一輩子的好吃的，一起嘗盡人生的酸甜苦辣。

久伴，是最深情的告白

01

之前在微博上看到這樣一個故事：

女孩子感冒發燒，生病躺在床上，特別難受，於是發微信給男友求助：我發燒了，三十九點五度。

男友回覆：厲害了！

看完之後，我先是笑了，笑完突然又覺得有些許心酸。這樣的回答，大概是沒有愛了吧？

我的朋友小安在人民醫院當護士，她告訴我，其實病床前面最見人品，生病了最能看出一個人對你好不好。

我和小安有個共同好友，就叫她芊芊吧，認識五、六年了，平時我們也經常在一起小聚。芊芊的老公是個青年才俊，跟芊芊恩愛有加。

可是前段時間聽說他們倆鬧離婚，我很納悶。

而小安卻一點都不吃驚，說：「妳知道嗎？我認識芊芊這麼多年，她體質不好，很容易生病，每次生病都來醫院找我。可是，她老公從來沒有陪過一次，都是她一個人吊點滴，喝個水、上個廁所什麼的，都是我抽空在照顧她。」

小安接著說：「我知道感情好不好有很多種表達方式，不必苛求，但是，老婆生病時不聞不問，絕對不是愛一個人的表現。在我們醫生眼裡，所謂的愛情，不過就是他陪著妳看病，把妳的身體健康看得比什麼都重要。」

是啊，人這一輩子吃五穀雜糧，哪有不生病的，如今我們才多大的年紀，現在都不肯照顧，都不當一回事，怎麼指望老了以後相互扶持？

所以啊，在你生病時，一個人知道心疼你，懂得照顧你，那才是真的愛你。

小安告訴我，之前有一個四十多歲的女人住進了醫院，她在打工回家的路上被一輛汽車撞了，腿骨骨折。她的老公高大健壯，也是在建築工地上幹活，看起來是一對平凡夫妻。

她的老公每天下班後，總會出現在醫院，陪伴在病床前，帶著各種滋補的湯。雖說勞累了一天，可他對妻子卻沒有絲毫不耐煩，總是帶著微笑，還寬慰女人不要心急，把身體養好。

這才是「我愛你」真正的模樣。

嘴上說一百句「我愛你」，也不如病床邊的陪伴，聊聊天、倒倒茶、說說笑話。就算什麼都不說，你在，我就心安。

女人可以在任何時候堅強，唯獨不需要在生病時逞強，生病時要愛人的陪伴，不是矯情，不是嬌氣，不是不能自理，而是在身心低潮期有個依靠。

你在病床前陪伴，我連身體也會好得快些。

02

如果問一個女人在什麼情況下需要連續臥床休息，那恐怕就是坐月子了。

都說坐月子才是婚姻的照妖鏡，他對妳好不好，趁著坐月子，讓妳看得更清楚。有的女人在月子寒心，我就聽過太多「坐完月子就離婚」的言論，而有的女人在月子裡被寵成公主。

我的好朋友婉婉就是被寵成公主，她說透過坐月子，她更珍惜眼前這個知冷知熱的老公。

月子期間，婉婉的身體還沒恢復，雖說有婆婆幫忙，可是婉婉看著粉嘟嘟的寶寶還是會手足無措。這時候，婉婉的老公家俊格外給力，一下班就往家裡跑，回來照顧妻女。

晚上，寶寶會哭鬧，婉婉睡得迷迷糊糊的，看到家俊躡手躡腳地起來抱孩子，幫孩子泡奶粉，小小的寶寶躺在爸爸的懷裡就又睡著了。

有時候，寶寶一晚上連續醒好幾次，不是餓了，就是拉了，家俊從沒有叫婉婉起來哄孩子，而是自己第一時間抱起孩子。

常常，婉婉睡醒之後，發現家俊一直保持哄孩子的姿勢靠在床頭睡著了，等放下孩子，家俊才發現自己的手臂已經麻了，可是他毫無怨言。

都說產婦的情緒很不穩定，很容易抑鬱。在這點上，家俊非常體諒婉婉，婉婉有時候乾著急發脾氣，家俊像哄孩子一樣哄著婉婉：「一切有我呢，別急！」

孩子的滿月派對上，家俊飽含深情地對親友們說，當他看到老婆即將生產，疼得死去活來的時候，那一刻，他就發誓這輩子一定要死命地對老婆好！

跟老婆生孩子這件事相比，伺候老婆坐月子實在是微不足道。

只有經歷過坐月子的女人才懂得坐月子的無助與辛酸，坐月子是特殊時期，女人比任何時候都要脆弱。那個平日裡對妳甜言蜜語的老公，到了妳和孩子最需要他照顧的時候，如果像條死魚一樣，或者對妳擺臉色，那種絕望恐怕一輩子都忘不了。

我曾見識過一種令人無語的男人，他在他老婆坐月子期間搬到公司宿舍去住，理由是晚上孩子太吵，影響他睡覺。

呵呵，你老婆為了生孩子連命都可以不要，你卻在她身體最虛弱的時候不聞不問，不管不顧，天理何在？

愛妳的男人，一定會在妳最需要他的時候為妳保駕護航。不愛妳的男人，覺得一切都是理所應當。

03

愛，不是說出來的，而是做出來的。

願妳床邊有人陪，日常有人愛，一輩子幸福快樂。

有一種溫暖，叫作「老夫老妻」

01

暑假裡，我和周先生帶著孩子們去濟南玩。

在趵突泉公園裡，有一對夫妻令我印象深刻。他們看起來差不多四十幾歲的樣子，帶著明顯的四川口音，男人身上背著大包小包，還舉著手機，不停地對著女人拍照。潭邊、樹旁、花下，女人有些笨拙地擺弄著姿勢。男人看起來也不專業，但他不厭其煩地給女人建議：「老婆，頭稍微歪一點……老婆，妳把手放在花上，妳的手好看……笑起來呀……。」於是，鏡頭前的女人略帶羞澀，巧笑倩兮。舉著手機的男人也是喜笑顏開，眼睛裡全是歡喜。

拍完一處，男人總會招呼女人來自己身邊，兩個人一起端詳手機裡的照片，看到比較滿意的一張，兩個人相視一笑，神情柔和，完全籠罩在幸福的光暈裡。

許是他們注意到我在觀察他們，察覺到我的欣賞和善意。男人有些不好意思地問我，能不能幫他們拍合照。我當然愉快地答應了。我接過男人遞給我的手機，鏡頭裡，一對恩愛的夫妻便定格了畫面。

我把手機還給他們，他們表示拍得很好很滿意。男人喜滋滋地說要把這張照片發到家人群組裡，再發到朋友圈。

在人來人往的景區裡，他們有著熱戀中的年輕情侶般的甜膩，男人欣賞女人，女人依賴男人，自然大方，這應該是他們婚姻生活的常態，真是讓人羨慕和嚮往。

後來在萬竹園，我見到了另外一對夫妻。女人舉著自拍棒拖住男人合影，而男人卻使勁掙脫，嘴裡還說個不停：「都老夫老妻了，合照什麼啊，也不怕人笑話……。趕緊走吧，拍拍拍，妳再怎麼修圖也遮不住皺紋……。」

這些話挺傷人的。我分明看到女人興致盎然的面色逐漸黯淡下來，她的臉上寫滿了委屈、失落和不甘。

在我看來，這兩對夫妻差不多的年紀，都屬於世人眼裡的「老夫老妻」，但相處的狀態截然不同，一對如膠似漆，一對如陷泥潭。

那句「都老夫老妻了」我聽著特別刺耳，這怎麼就成了「不能合影秀恩愛」的理由了？前後沒有因果關係、完全毫無邏輯的話，為什麼會有那麼多人說得出口？

02

「都老夫老妻了」這句話，我相信不少人都聽過，包括我自己。這句話到底聽了多少遍，我也記不清。只是年歲見長，我對這句話越發嗤之以鼻。

「老夫老妻」這個詞本身沒錯，代表的是夫妻結婚時間很長，相濡以沫，相互攙扶，感情已經融入了親情色彩。我反感的是以「老夫老妻」開頭，連接的後半句話：

「都老夫老妻了，還秀什麼恩愛？」
「都老夫老妻了，還過什麼情人節？」
「都老夫老妻了，還要什麼禮物？」
「都老夫老妻了，還搞什麼新花樣？」
「都老夫老妻了，就不用那麼麻煩了。」

你看，這些話的潛臺詞都在暗指有些事情不用太破費，能省則省，能不做就不做。

不得不說，這些話真的是非常沒有道理。

我在想，「老夫老妻」中的「老」是以結婚幾年作為界限？三年？五年？十年？二十年？這個不得而知。只是，「老夫老妻」這個詞一旦出現在婚姻生活裡，就彷彿有了一道分水嶺，劃分了狀態，隔開了歲月。

婚姻生活，有了「老夫老妻」這句話支撐，一切變化就有理有據、順理成章。

以前可以活色生香，之後變得黯淡無光。以前舉案齊眉，之後井水不犯河水。

於是，「老夫老妻」成了婚姻的免死金牌，夫妻之間少了期待，失了興致，缺了互動。在「老夫老妻」這四個字裡，愛情不自知地懈怠下來，進而忽略對方的感受。

想來，結為夫妻的兩個人要一起生活幾十年，如果在感情裡缺少積極的互動與付出，單單依憑並貪享著「老夫老妻」的狀態，對兩人的關係掉以輕心，並囿於這種狀態，在婚姻裡必然有所損。

恕我直言，假如某一天，婚姻裡的一方受到第三個人的熱烈追求，感受到來自圍城之外的讚美和追捧，這種新鮮感和衝擊力一定是死水微瀾的婚姻生活的勁敵，當事人難免會心動。縱使「身未動心已遠」，對於兩人的婚姻生活也有了隱形的危機和無形的傷害。

03

我家對門住著一對年輕夫妻，之前他們鬧彆扭，我的女鄰居蘇蘇就抱著孩子來我家找我吐苦水。「妳說說看，我和梁子才結婚三年，前幾天我生日，梁子都沒送禮物給我，我當然不開心了，梁子竟然說，都老夫老妻了，孩子都生了，還講究這些幹什麼？一聽這話，我更加生氣，年紀輕輕的怎麼就成了老夫老妻了……。」蘇蘇一臉委屈。

當時我特別能理解蘇蘇的感受。

以前看到過一個笑話，問男人結婚後為什麼不再送禮物給女人，男人的回答是：魚都上鉤了，還用得著魚餌嗎？

這個比喻當然不恰當，同處在一個屋簷下的男女肯定不是釣魚者和魚的關係，而是魚水一家的相依相戀。

當熱戀中的男女結為夫妻，當精力分了一部分給出生的孩子，當時間分了一部分給家庭瑣事，當濃濃的愛潮開始退去的時候，我們更需要在一些特殊的值得紀念的日子裡，做一些與平常那些清湯寡水的日子不同的事，用這種小小的儀式感，給婚姻生活加點糖，提醒對方我愛你如初。

沒有不需要談情說愛的老夫老妻，只有不願意提及初心的那個人。

我認識這樣一對夫妻，他們都是我的朋友，男人大陳是員警，女人小成是護士，他們有一個上初中的兒子。

結婚十幾年來，每個週末，他們雷打不動地一起去菜市場買菜，買完菜，大陳一手拎著菜，一手牽著小成的手，一路走回家。然後在滑朋友圈動態的時候，我經常看到大陳把小成做的美食發成九張圖，語句裡全是對妻子的讚美和體貼。

護士節的時候，我看到小成在朋友圈曬出了大陳送她的花束以及犒賞她的大餐。有意思的是，假如這天他們一家出去遊玩，那麼，我會在朋友圈看到兩次相仿的照片，一次是大陳發的，一次是小成發的。不同的是，大陳發出的照片裡多了小成的倩影，小成發出的照片裡多了大陳的英姿。

正如大陳在五月二十日那天對小成的表白：我們和大多數夫妻一樣，實現了從花前月下到柴米油鹽的成功轉型，我們享受生活的平淡，也喜歡帶給彼此的欣喜和溫暖，這才是我們想要的最真實的生活。

是啊，凡夫俗子如我們，只要用心一點，也可以給平淡的婚姻增加激情，給瑣碎的生活添點樂趣。好的婚姻，是兩個人相互主動取悅對方，這樣的婚姻才會地久天長，才能真正實現「老夫老妻」的夢想。

04

有不少美滿的姻緣是由濃烈的感情為奠基，可是有的人（尤其是男人）卻認為結了婚就萬事大吉，被「老夫老妻」四個字所迷惑，自我認定「愛情變成了親情」，懶得經營或者放棄經營感情。

結婚以後，紅玫瑰變成了蚊子血，明月光變成了白米粒。生活就是左手摸右手。婚姻裡的疲憊和厭煩突顯，不是因為工作和生活壓力大，不是上有老下有小的焦慮，其實很大原因是置愛情於不顧，覺得一切都是天經地義的，不在乎伴侶的感受，喪失了管理婚姻的能力，讓它放任自流。

其實，愛情才是生活最好的動力，它讓我們身心愉悅和滿足。愛情需要表達，需要儀式感。作為老公，雖說不用像熱戀時為女人神魂顛倒，至少別忽視她新燙的頭髮、新買的衣裳，請由衷地讚美她，發自內心地欣賞她。

作為老婆，雖說不用像少女時那樣崇拜老公，至少別把他付出的努力、完成的目標當成理所當然，請由衷地感謝他，發自肺腑地依戀他。

誰說老夫老妻不需要付出，不需要互動？誰說老夫老妻不可以秀恩愛，不能風花雪月？誰規定老夫老妻了，這個不能要，那個不能求，從此失去了被寵愛的資格？

所以，最後我想表達一下我的心聲，我相信也是大多數女人的心聲：縱使我挽起長髮，縱使我洗盡鉛華，縱使我懷裡抱著孩子，我還是希望我仍是那個被你寵愛的小公主。

「老夫老妻」掰掰，甜蜜與抱抱必須在！

吵不散，罵不走，那才是真愛

01

昨晚上十點多的時候，我正在電腦前寫文章，突然接到燕子的電話，說她正在牌樓路閒逛，問我有沒有時間陪她。

這個時間，商家都關門了，哪有什麼可逛的？我心生疑惑，再一聽，發現燕子的語氣不對，難道是出了什麼事？

我連忙放下手裡的事，抓起包包就出門。

等我找到燕子時，她正站在一棵香樟樹下，路燈的映照下，她的神情黯然無光。

一問，果然有事。燕子和男友大程大吵了一架。事情是這樣的，本來之前兩個人約好了週五晚上一起吃飯逛街的。可是在逛街的時候，大程一直心神不寧的，燕子試穿了新衣裳，問大程好看不好看，大程也很敷衍。

燕子察覺出不對勁，便問大程是不是有事。大程說，幾個同事約了他一起打麻將，三缺一，就等他了。一聽到打麻將，燕子就不高興了，臉色難看起來。大程以前打麻將，十次輸九次，有時候輸光了薪資，窘迫得兩人約會時都是燕子花錢。

輸錢只是其一，燕子堅決反對大程打麻將，最主要的是她見不得一個曾經朝氣蓬勃的男人沉迷打麻將後失去奮鬥的目標。大程也跟燕子保證以後少打。沒想到，在今天說好了的約會時間裡，大程又想去打麻將。

「不去不行，就等我一個人了。」大程說。

燕子堅決不肯讓他去。

兩個人便拉拉扯扯，大程要走，燕子拉著他，大程就急了：「天天管管管，妳是我什麼人啊？輪得到妳來管？」

惱羞成怒的大程一把推開燕子，燕子一個站不穩，跌倒了。

等到她爬起來，大程已經走得遠遠的了。

02

燕子發訊息給大程，不回。打電話給他，不接。不接再打，大程竟然關機了。

燕子心灰意冷到極點，沿著逐漸冷清的街道來來回回走了幾遍，往日點點滴滴的不愉快一股腦兒地冒了出來，燕子感覺兩個人的感情就這樣走到了盡頭。

聽燕子這麼一說，我也挺生氣的。首先我也反對男人沉迷打麻將，再者，一個大男人把自己的女友丟在街上不管不顧，這算怎麼回事啊？

現在都十一點多了，大程也沒打個電話問問燕子到家了沒有，他難道一點都不擔心燕子的安全嗎？一吵架就對女友不聞不問、不管不顧，說實話，我對這樣的人並不看好。

但我這人向來勸和不勸分。我勸燕子：「別生氣了，人非聖賢，孰能無過，等兩個人氣消了好好談談，大程跟妳認個錯，妳就原諒他吧。」

我話一說，燕子更委屈了，都快哭出聲音來。

燕子告訴我，每次兩個人吵架，大程從來不哄她，也從不先低頭。他最擅長的就是冷戰，可以持續好幾天，甚至一個星期。往往是燕子忍不住了，先去找大程，氣氛一緩和，大程也順水推舟地跟燕子和好了。

當下我很無語。兩個人的感情出現問題的時候，如果只靠一個女人來低頭維持，請問能堅持多久？

我對燕子說：「妳可以低頭一時，但不能低頭一世，妳能保證一輩子委曲求全嗎？再說了，一個置妳的安危於不顧的男人，妳覺得他愛妳嗎？這樣的人妳敢嫁嗎？」

網路上有一句話說得好：看一個人愛不愛你，不是看他平時對你有多好，而是看他吵架的時候怎麼對你。

03

戀愛中的男女，婚姻中的夫妻，在相處的時候，極少有不吵架的，難免有爭執和矛盾。畢竟「由愛故生憂，由愛故生怖，若離於愛者，無憂亦無怖」。

我不反對爭吵，因為吵架也是一種溝通方式，也是兩個人關係的磨合，是一種把問題攤開來，暴露在陽光下，比較激烈的溝通方式。

但是，吵架不該成為傷害對方的利器。

有些男女吵完架之後，轉身就能和好。其實，關鍵點不在吵不吵架，而是在於愛不愛。相處見品行，吵架見人心。他對妳愛不愛，從吵架就能看出來。

真正愛妳的人是不會因為生氣就去傷害妳，不會掛妳電話，不會不回訊息，只會陪著妳，就算一言不發。因為他知道，此刻的妳，更需要他的陪伴。就算妳嘴裡嚷著「你走」！他也知道妳心裡在說「留下來吧」！

真正愛妳的人，即使妳跟他吵架，他也不會跟妳動手，他只會緊緊地把妳擁在懷裡，然後不斷地說「寶貝，是我的錯」。

真正的愛，不是不生氣、不吵架、不哭不鬧，是吵過鬧過以後，最心疼妳的，還是他。

就像楊宗緯的那首歌《一次就好》：

上一秒，紅著臉在爭吵
下一秒，轉身就能和好
……
一次就好，我帶你去看天荒地老
在陽光燦爛的日子裡開懷大笑
在自由自在的空氣裡吵吵鬧鬧

04

曾經聽說一對情侶吵架，男生摔門而出，放言自己絕不回來。女生反鎖了門，但沒過一會兒，就看到男友拎著自己愛吃的蛋塔在樓下喊：「姑奶奶開門呀！」女生一下子就原諒了他。

男生很萌，女生很暖，對不對？

這哪像是吵架，分明就是秀恩愛嘛。

其實真正能檢驗愛情的，就是看他跟你吵架時的態度。有的人，把架吵贏了，卻把愛人弄丟了。而有的人，寧願自己受點委屈認個錯，也願意把人留下來，把愛留住。

我曾經聽我表姐慧慧講她跟表姐夫的事。我表姐已經在蘇州安家立業，表姐夫是當地人，他們結婚十多年來，一直很恩愛。

也不是說他們不吵架，但吵歸吵，感情卻沒受影響。

有一次，表姐和表姐夫因為一件小事吵起來了，表姐很生氣，把自己悶在房間裡，也不出門。不一會兒，表姐夫蹭到表姐身邊，說他已經做好了午飯，有她愛吃的油爆大蝦。

「先吃飯好不好，吃完了才有力氣跟我吵架啊！」表姐夫說。

這句話把表姐給逗樂了，便跟著表姐夫一起吃飯。吃飯時，表姐夫不忘給表姐剝蝦殼，把蝦肉放在她的飯碗裡。吃過飯，表姐夫手腳勤快地收拾鍋碗，洗乾淨了，然後說一句：「吃飽了嗎？寶貝，還吵不吵？」

你說，就現在這個樣子，兩個人還能吵得起來嗎？

有一次春節，表姐夫曾經當著我們的面說過：「你們慧慧姐一個外地人，嫁到我們家，人生地不熟的，我要是不對她好，不讓著她，我還算是人嗎？再說了，我老婆長得那麼漂亮，又那麼能幹，我捨得跟她吵嗎？」

你看，真正愛你的人，總能找到不跟你計較的理由。他在乎的，永遠不是誰對誰錯，而是在乎你這個人。

05

小時候，我也見過我爸媽吵架，我媽受不了委屈，有時說不了幾句話就「吧嗒吧嗒」掉眼淚。這個時候，我爸的脾氣瞬間沒了，拉著我媽，一個勁兒地低頭認錯，也顧不得我和我弟弟在旁邊笑。我媽胃不好，不能生氣，一生氣就會反胃，吐得昏天黑地。所以我爸看她這樣，會特別著急，馬上給我媽倒溫水，準備好胃藥。我爸還一再保證，下次再也不跟我媽吵架。

其實我爸個性也倔強，死要講道理，但他在我媽面前願意低頭。套用我爸的話說就是：「跟自己的老婆低頭，不丟臉」。

所以我爸媽雖然也會吵架，但是不常，也鬧不出多大的事情。

而跟我家相鄰的二爺家恰恰相反，二爺經常在外面喝酒、打牌，回來之後還扯著嗓子跟他老婆吆五喝六，他老婆跟他理論，二爺一言不合就動手，還時不時地把他老婆推出門，任由她怎麼哭喊、怎麼敲門都不開。

為此，我爸媽常做他們的和事佬，好言勸說二爺開門。

現在想來，越沒本事的男人，在家裡脾氣越大，越跟自己的妻子爭個你死我活，分毫不讓。

我喜歡的演員張智霖說過這樣一段話：

「每次吵架我都會想到我失去她會怎樣，所以我很珍惜，我寧願主動認錯，主動和好，因為我珍惜有她在的每一天。男人嘛！認錯沒什麼，最怕失去了來不及後悔。」

是啊，很多情侶分手的原因都是因為吵架，雙方各執一詞，卻都不肯放下面子做出讓步。

所以說，如果有那麼一個人，無論跟你怎麼吵，都對你不離不棄，放下所謂的自尊心，來哄你，來跟你認錯，那他一定是很愛很愛你。

願你珍惜那個就算吵架也不忘抱緊你的人，珍惜那個願意一直守護你的人。

愛你，才想給你

01

週六早上，我跟兒子說：「今天我們去外婆家。」兒子歡呼雀躍。

後來，我在陽臺晾曬著衣服，一回頭，瞥見兒子正往他的一個背包裡裝東西，我走過去一看，有健達奇趣蛋、繪本書、玩具汽車，還有一大把玻璃彈珠。

我覺得奇怪，說：「帶這麼多東西幹什麼？別帶了，回來再玩再吃。」

兒子卻固執地要帶，他說：「這是送給貝貝的。」貝貝是我弟弟的女兒，比我兒子小一歲，兩個人經常在一起玩。

我笑了，說：「這些小玩意兒貝貝不缺的呀！為什麼要送給她？」

兒子頭也不抬地說：「因為我喜歡貝貝呀，這些都是送給她的。」

我心裡一暖，不禁釋然，有時候道理就是這麼簡單，就像春暖了，花就開了一樣自然，就像「我喜歡你，所以想給你送東西」一般。

02

在娘家吃飯，如果煮的是青菜麵條，我媽會把鍋裡所有的青菜心挑揀到我的碗裡。這是個技術活，我媽在一碗一碗地給家人盛麵條時，若是看到勺子裡有菜心，那一定得停下來，用筷子夾到屬於我的碗裡。

吃飯時，我媽會額外關照我，「那個碗是妳的。」

我媽知道我愛吃青菜心，這一碗特意挑揀出來的菜心也許就是她表達愛的方式吧。

那麼，我回報我媽的，除了陪伴，還有就是買買買！送送送！比如我媽無意間提及，冬去春來換季了，過年期間養胖了，去年買的衣服有點小。我立刻帶著我媽和信用卡，直奔鼓樓商場。

在我眼裡，鼓樓商場的衣服華而不實，價格虛高，但我知道，在我媽眼裡，鼓樓商場是老牌商場，值得信賴。

到了商場中老年服飾專櫃，一件一件地讓我媽試穿，我媽挑中一件，喜滋滋地在鏡子前左看右看，又翻了翻吊牌，一看四位數，說：「太貴了，別買了，去別的店看看。」

那怎麼行？有錢難買心頭好，有錢難買我媽開心。既然我媽是真心喜歡這件衣服，管它貴不貴，我立刻刷卡買了下來。

我去收銀台付帳回來，正聽到我媽在跟櫃檯阿姨誇我，說她女兒很孝順，每個月給她錢，幫她買衣服從來不心疼，每次回去都帶吃的喝的用的好多東西。說著，她還把手腕上戴的金手鐲給那個阿姨看，說是女兒在母親節時送給她的。

她說這話時，眼睛裡是滿滿的驕傲，臉上也洋溢著濃濃的笑意，惹得櫃檯阿姨羨慕不已，連誇好福氣。

或許，這就是為什麼很多人想要的東西明明可以自己買，卻還是希望有人送的原因吧。

因為那種驕傲感和幸福感，是自己買給自己時給予不了的。

03

阿狸是我的讀者，剛剛大學畢業開始工作，她有一個遠距離戀愛的男友叫小九，他們在一起一百二十五天，只見了五次面。

我們都知道遠距離戀愛很磨人，思念好痛苦呀，可是想起對方就覺得特別甜，他們的感情有增無減。阿狸說：「他怎麼就那麼喜歡給我送東西呢？」

小九超級愛給阿狸買禮物，小到喝水杯，大到筆記型電腦，只要是覺得阿狸需要的，他統統買來送給她。

有時候，甚至阿狸自己都沒想到的東西，小九也會買了寄過來給她驚喜。

小九說過一番話，讓阿狸特別感動：因為我不能時刻陪在妳的身邊，只能多送東西給妳，妳看到了也能經常想起我，最重要的是，妳能感受到我是多麼喜歡妳，妳對我來說是多麼重要。

是啊，妳的城市下雨了，我沒辦法替妳撐傘，那我可以提前給妳送一把傘，為妳遮風擋雨啊。

我不能擁妳入眠，那我可以送妳一個軟綿綿的抱枕呀，每晚妳抱著它入睡，這樣也能感受到我的存在啊。

起風了，天冷了，我不能抱著妳給妳溫暖，那我可以幫妳買件暖和的大衣，這樣妳穿在身上的時候能想起我的擁抱啊。

我希望妳跟我多聯繫，那我就幫妳換最好的手機，妳用我買給妳的手機給我打電話發訊息，相信語言會更動聽，文字會更甜蜜。

因為我愛妳，所以我才想要把最好的東西送給妳。

說真的，我們有時候會羨慕那些有人送禮物的女孩，其實並不是羨慕禮物本身，而是羨慕她們有人在乎有人疼，禮物承載著對方的心意啊。

04

前幾日網購，我自己買了幾本書，順便幫周先生買了一些禮物。

周先生說：「妳賺那點小錢，還不如幫自己買點好吃的，為什麼給我買東西？」

我說：「可我就是想送東西給你啊，買東西給你我開心呀。」

心裡住著一個喜歡的人，一定會忍不住想給他買東西吧？

走在大街上，看到好看的衣服，會想：他穿在身上會是什麼樣子？買一件給他。

看到好看的鞋子，會想：嗯，這雙挺適合他的，一定要買下來。

看到好吃的糖果，會想：買幾盒放在他辦公室，放在他車上，他吃一顆就會想起我啦。

當然，周先生送我的禮物更多，送到已經想不到什麼東西可送的地步。

他常說的一句話就是：就愛送東西給妳，妳拿著就好。

在平常的日子裡，我們都會不由自主地給對方買東西，然後一邊埋怨對方為什麼要花這冤枉錢，一邊心裡樂得美滋滋的。

前幾日跟朋友聊天時，說到情侶、愛人之間花錢的問題，我們一致認為：花錢檢驗人性，禮物表達人心。

所謂「愛」，都是熱衷於「給」的，真正地愛著一個人，遇到什麼好東西都會想著對方，都想把這好東西送給他。

因為愛你，才想給你最好的，給你我能給的一切啊。

05

話又說回來，如果不愛，又怎會給呢？

我在網路上看到這樣一個笑話：

老婆對老公說：「我假期要去旅遊一次。」

老公說：「非要花那個冤枉錢，買本《旅遊》雜誌看，又開眼界又省錢。好啦，別瞎想了，快去做飯吧。」

老婆馬上回答：「做飯得買菜，買菜得花錢，買本食譜看看，不也是又開眼界又省錢嗎？」

你看，一場家庭爭吵一觸即發，在所難免。

我相信很多女人都不想過這樣的日子——

女人對老公說：「老公，我想買件衣服，我穿起來非常漂亮！」女人滿懷希望，想著男人會大大稱讚自己一回。

可男人卻說：「老婆，妳去年的衣服還能穿呀，妳說說看，妳今年已經買了幾次衣服了？」

或是，女人滿心歡喜地想在結婚紀念日那天到飯店浪漫一下，男人卻說：「在家過吧，家裡比較省錢……。」

最後，女人只落得一肚子的委屈和怨言。

我的讀者朋友們應該知道，我一直提倡女人要經濟獨立，喜歡什麼就自己買，別老是非要老公買。

但你們也知道，女人有時候要的不光是東西，更重要的是被愛的感受。更何況，有些男人，不給老婆買就算了，要是老婆自己買了，還會說她：「妳怎麼這麼敗家？」

股神巴菲特曾說過：「我這一生最重要的投資，不是購買了哪檔股票，而是選擇了誰成為我的伴侶。」

每一個成功的男人背後，一定有一個默默付出的女人，而每一個幸福的女人背後，都應該有一個寵她、愛她、尊重她的男人。

其實，大多數女人要的很簡單，就是跟自己喜歡的人走進婚姻的殿堂，生兒育女，落戶安家。

你有錢，我跟你享受榮華富貴；你落魄，我陪你吃粗茶淡飯。

在柴米油鹽的煙火氣息裡，擁有人世間最平凡的幸福。

06

有人說，談錢傷感情，愛情是純潔的，不應該用金錢和禮物來玷污。有些人更認為把愛情和金錢是對立的，認為在感情中談錢，就像是胸前的朱砂痣變成了蚊子血，俗不可耐。

可我想說，談錢能傷到的感情，一定不是真感情。

只有那些不是真正愛妳的人，才會用「女人就是敗金」這個理由來掩飾自己的「捨不得」。

浪漫的情話可以張口就來，沒有任何成本可言。雖然動聽，但只說情話而沒有實際付出，時間長了，這份感情也顯得廉價和無味。

我們早已過了耳聽愛情的年紀了，感情不只是說說而已。

願意為妳花錢，送妳禮物，就是把這份感情落到了實處。這個男人願意用自己的臂膀為妳撐起一片天空，願意用自己的心意讓妳感到踏實和滿足，他希望為妳提供一生的安全感，從精神到物質。

送東西不是最佳的表達愛意的方式，錢也不是衡量一個男人的最好標準，但是願不願意花錢是衡量一個男人的真心的標竿。如果他愛妳，整個身心都是妳的，那願意為妳花錢，願意送東西給妳，也是自然而然的事情。

如果你喜歡晴天，那我就在風和日麗的春天裡帶你遊玩，在金色的陽光下看著你迷人的笑臉。

如果你喜歡看電影，那我就算睏得睜不開眼睛也會堅持陪你看完，因為我知道你沒人陪的時候會很孤單。

如果你喜歡美食，那我一定會找遍這座小城，尋出最有特色的店，帶你盡情地吃。

給的不僅僅是禮物，更是關心、疼愛、安全感。

因為愛你，所以想給你最好的東西。

一家人之間，有話要直說

01

有段時間，我連續晚上加班，一直到淩晨才休息，早上六點半就得起床。我的睡眠嚴重不足，白天都靠一杯接一杯的咖啡撐著。

有一天中午，吃過午飯，我實在撐不住了，回家對我媽說：「我去房間午睡會兒，妳幫我看著孩子看書。」我平時是從來不午睡的，可見我睏倦至極。

我媽說：「好。」

我進了臥室，脫衣鑽進被窩，感覺濃濃的睡意席捲而來。這時，客廳裡突然響起我媽那爽朗的聲音：「桂蘭啊……哎，才吃過午飯的……妳吃過了嗎……哈哈哈……。」

我媽正在打電話給我小姨，吵得我睡意全無。我知道我媽天天悶在屋裡，也著實孤單。往常這時候，她要嘛午睡，要嘛下樓找那些老奶奶們聊天去了。

今天她走不開，關在家裡，孩子看書，她沒事做，也悶得慌，於是打個電話跟小姨話家常。

這是我站在我媽的角度想到的。

可是，此時此刻，我睏倦極了，偏偏我有些神經衰弱，有點響聲我都睡不著，更何況外面我媽的高音調大嗓門呢？

我心裡煩燥啊！又忍不住埋怨起我媽來向來粗枝大葉慣了，不懂得體諒旁人。我想睡又睡不著，想出門叫我媽別打電話，又怕她多心了，以為我嫌她了，那就不好了。

就這樣，我在床上翻來覆去，百爪撓心，痛苦不堪。客廳裡我媽的聲音還在不斷地傳來……。這時，提醒下午上班的鬧鐘響了，我渾渾噩噩地爬起來，感覺比躺下之前更加頭昏，我滿肚子都是火。

在上班的路上，我氣鼓鼓地打電話給閨蜜訴苦：「我媽應該想到，我肯定是累得不得了才午睡的，怎麼就不體諒呢？」我還在絮絮叨叨地說著，閨蜜打斷我的話：「妳為什麼不跟妳媽直說呢？妳現在跟我說一百句都於事無補，都不及妳當時提醒妳媽一句。」

閨蜜一語中的，我當時就愣住了。

閨蜜接著說：「一家人之間，心裡有話就直說，說話的時候好好說，注意方式就行了。我不信妳媽不講情理。」

如醒醐灌頂，如撥雲見日。是啊！我為什麼不跟我媽直說呢？

本來就是一句話的事。而現在，我滿肚子牢騷，我媽一無所知，能解決問題嗎？

02

人與人之間的交往中，我比較反感說話繞來繞去的交流方式。

有話不直說，含沙射影，顧左右而言他，話裡有話，非要讓人猜，很容易就會讓對方產生誤解，反而耽誤事。

那麼，一家人之間，有話直說就更為重要。

有調查顯示，夫妻之間有話直說的情況下，婚姻的品質更高。

還記得我家隔壁的那對小夫妻嗎？有一天，我的女鄰居蘇蘇又來我家找我吐苦水。他們夫妻因為一件很小的事情，已經冷戰了幾天了。

上週六中午，吃午飯的時候，蘇蘇跟梁子說，下午一起去男裝店逛逛，換季了，幫梁子買秋裝。哪曉得飯後，蘇蘇接到女同學的電話，約她下午一起去美容院做臉。蘇蘇想著辦好的美容卡才去了一兩次，就毫不猶豫地答應了同學。把這件事告訴梁子的時候，梁子也沒表示反對。於是，蘇蘇就和同學在美容院待了一整個下午。

等到傍晚，蘇蘇回到家，她感覺梁子的情緒不對勁，對她的態度冷冷的，愛搭不理。

蘇蘇越發覺得有問題，吃飯的時候熱情地幫梁子夾菜、盛飯，梁子鼻孔裡「哼」了聲。蘇蘇急了，便問梁子：「我哪裡做得不對，讓你生氣了，你倒是說呀！你說呀！」

梁子一開始一言不發，後來他氣鼓鼓地說：「我不說！妳自己想！」這句話把蘇蘇惹毛了——我犯了法了嗎？至於這樣嗎？索性也不理他。當天晚上，兩個人就背靠背睡了。

在之後的幾天，蘇蘇一直在想，到底哪裡出了問題，忍不住胡思亂想起來。

後來，是梁子自己忍不住了，告訴蘇蘇：「那天明明說好了下午一起去逛街的，妳為什麼答應妳同學去美容院？」甚至還問蘇蘇：「妳是不是不那麼在乎我了？」

蘇蘇哭笑不得，跟我說，芝麻大的事，搞出這麼大的動靜。

「我承認我有些神經大條，我以為這是小事，他不會放在心上。哪曉得他這麼介意。話又說回來，要是那天中午梁子直接表達想跟我逛街的意思，我肯定會再打個電話約同學下次去美容院。他怎麼就不直說呢？唉……。」

我相信類似這樣的事情，在許多夫妻間都有發生，說起來是矯情，是不值得，但是發展到最嚴重的程度，就是我們所說的冷暴力。

所以，夫妻之間，無論哪一方心裡有事，都要開誠布公地直接說，有什麼意見直接提。

如果藏著忍著，悶在肚子裡發酵，只會對對方的怨念更深，誤會更大，小小的一件事也會惡化成大問題，影響了夫妻感情。

03

我有個學姐叫萍萍，現在也是我同事，她的辦公室就在我的教室隔壁。

昨天早上我去她辦公室，看見她桌上擺著一大束鮮花，原來是她生日，她先生一早就去花店訂了花，讓花店的人送到學校，給了老婆一個驚喜。

仔細一瞧，花朵間還夾著一張卡片，上面是她先生親手寫的生日祝福和愛的感言，滿滿的愛意從字裡行間溢了出來。

萍萍嬌羞地說：「也不知道他是什麼時候寫的，怎麼有這麼多話說？」辦公室的女老師們都表示羨慕萍萍有這樣浪漫體貼的老公。

萍萍告訴大家，其實她先生原來也是個不解風情的木頭。剛結婚時，他不懂得怎麼哄老婆開心，也不懂得什麼叫浪漫，更不懂得如何表達對妻子的愛。

為此，喜歡文藝和浪漫的萍萍也常生氣。更氣人的是，她先生還不知道萍萍為什麼生氣。

後來，萍萍跟她先生開誠布公地溝通了一番，直接告訴他，我嚮往的婚姻生活和夫妻之道是怎樣的，我想要什麼，我希望你怎麼表達。

同時，她也要求先生有什麼話就直說，有什麼問題就直接提，有不同的想法就提出來，兩個人一起商量解決問題的辦法。

萍萍最後總結道：「男人啊，是可以調教的。夫妻之間，一定要多溝通，這樣才能和睦。」

怪不得萍萍跟她老公結婚十多年了，兒子都上初中了，兩個人還是這麼恩愛。

04

就在那天早上，萍萍給我們幾個老師上了一課。

她說，「有話直說，有話好好說」是讓一個家庭變得和睦的秘訣，可以說是定海神針了。

不只是她和先生之間有話直說，她跟婆婆也是有話直說，不耍心機。

比如以前孩子做錯事，萍萍教訓孩子的時候，婆婆就會護短，一把拉過孩子並指責萍萍對孩子太嚴，萍萍心裡大為不悅。

後來，趁著孩子不在，萍萍跟婆婆談心，一是表明孩子做錯事應該受到相應的懲罰，否則孩子將來就會無法無天。二是希望婆婆在自己教育孩子的時候，跟自己統一戰線，維護自己做母親的尊嚴。

萍萍這麼一說，婆婆便理解了，她是孩子的奶奶，她心疼孩子，所以希望萍萍訓孩子的時候注意方式。

你看，一句話能讓人跳腳，一句話也能讓人笑。把問題擺到檯面上講，好好說話，皆大歡喜。假設一下，如果萍萍有話不直說，而是跟老公吐苦水婆婆的不是，或是婆婆有話不直說，在外面散布媳婦的不是，或是在兒子面前訴苦……。那就剪不斷、理還亂了。婆媳、夫妻關係劍拔弩張，很容易引起紛爭，爆發家庭大戰。

其實生活中，家人之間發生爭吵，大多是因為溝通的問題。如果有話不直說，讓對方去猜、去想、去反思，只會加深兩個人之間的矛盾。適當地用正確的方式、合理的做法與對方溝通交流，或許生活會更輕鬆、歡快。

明白這個道理之後的某天中午，我又想午睡，睡前我跟我媽說：「媽，我睡一會下，昨天熬夜了，妳看著孩子看書，叫他小聲一點，有點聲音我都睡不著。」

我媽立刻當明白了，自己先輕手輕腳地把拖把放下了，「我不拖地了，免得有聲音，妳快去睡。」

你看，一句話的事，多好！嘿嘿！

5

女人的獨立，就是生活的底氣

長得漂亮是優勢，活得漂亮是本事！
精神和經濟獨立的女人，才是最美麗、最有智慧的女人。

遇到「媽寶男」，請繞道走

01

微信好友裡的一個女孩桐桐找我傾訴：

「我遇到一個男孩子，我們情投意合，但是他媽媽因為生肖不合，不同意我們在一起。」

「我們堅持了一個月，昨天他跟我說放棄了。」

「他說他能做到的，就是接我電話，回我訊息，我找他，他會安排時間來陪我。」

「但是他不會給我任何承諾。」

不知道大家看了之後作何感想？

我看到後面的兩句，覺得又好氣又好笑。這不就是傳說中的「不主動、不拒絕、不負責」的「三不渣男」嗎？終於見到真的了！

誰給他的勇氣，讓他好意思說出這樣的話來？

桐桐我認識，長得清清爽爽，十分秀氣，朋友圈發的內容也是讀書、旅行、廚藝、寵物，滿滿的生活情趣和正能量，怎麼就偏偏遇上了這樣的男孩子？

年輕的女孩總是以為戀愛大過天，遇到自己喜歡的男孩子，什麼都可以接受，都可以委曲求全。可是，我勸桐桐，這樣的男孩子可千萬不能嫁啊！妳能委屈一時，不可能委屈一世的。

02

也許有讀者注意到傾訴裡的「他媽媽……不同意」了。

我和桐桐聊了不少，後來我才明白，一個男孩子把自己看得如此高貴，可以對女孩子說出「三不原則」，這種勇氣不是梁靜茹給的，而是他媽媽給的。

據說這個男孩子是老二，上頭有個姐姐，和所有重男輕女的家庭一樣，父母對他傾注了所有的疼愛，尤其是他媽媽，簡直把他捧在手心裡。

而男孩子呢？什麼事都聽他媽媽的，唯母命是從。

到了談婚論嫁的年齡，男孩子的媽媽哪捨得讓別的女孩子分去了兒子對自己的愛，所以百般挑剔，百般刁難。

他媽媽不同意兒子跟桐桐在一起的理由是生肖不合。其實之前男孩子也談過幾次戀愛，都被他媽媽以各種理由拆散，不是嫌這個女孩子個子矮，就是說那個女孩子皮膚黑，還有一個，是說女孩子太瘦了不健康……。神奇的是，男孩子聽了他媽媽的話，都堅決地跟女友分手了。

男孩子對桐桐表達自己的深情，意思是當他媽媽反對後，他跟別的女孩子都是當機立斷，說分手就分手。而為了桐桐，他還跟他媽對抗了一個月，現在堅持不下去了，他能為桐桐做的，就是「妳要是找我，我就陪妳，但是給不了妳承諾」。

呵呵，對於這樣的「媽寶男」，我真的無話可說！

03

「媽寶男」，是一種怎樣的生物？

知乎上曾經有一個問題是：如何分辨「媽寶男」？有一段話獲得了高度讚揚，我簡單概括如下：

- 什麼事情都要跟家人報備，依賴性強。
- 母親個性強勢，孩子人格不獨立。男孩子往往不成熟，不會正確處理女友和家人的關係，跟女友吵架後，往往會找父母訴苦。
- 男孩子言語中會經常提及父母，以父母的意見為大。遇到問題總尋求父母的幫助，習慣尋求庇護而不是自己解決或者保護別人。
- 其父母表現為對兒子歷任女友都不滿意，只覺得自己的孩子最好，整個家庭容不下別人。

「媽寶男」，就是沒斷奶的巨嬰。

遇到這樣的男人，無論是戀愛，還是結婚，那麼妳相處的不僅僅是男人，還有他身後的那一張無形的關係網。這張關係網，會讓妳無力招架。

04

我跟桐桐講了我同學淩子的例子，淩子之前嫁的就是「媽寶男」，後來她離婚了。

她前夫經常掛在嘴邊的一句話就是：「我媽不容易」。這句話背後的潛臺詞是：「我媽吃了很多苦把我養大，所以她有至高無上的地位，如果以後妳跟她有矛盾，我肯定站在她那邊，妳只能低頭忍受。」

事實上也是如此。家裡大大小小的事情，前夫都以他媽媽的意見為主，根本沒有淩子置喙的餘地。如果淩子提出不同意見，前夫就會朝淩子大吼：「她是我媽，我不聽她的，難道聽妳的？」

婆婆在家翻淩子的衣物，插手他們的財政，干涉他們的生活……。漸漸地，淩子徹底寒心，索性帶著孩子離婚了。

我跟桐桐說，假如妳嫁給一個「媽寶男」，我們可以想像一幅幅婚後的畫面：

某一天，妳做好了飯菜，婆婆在飯桌上挑三揀四，說妳這個菜鹽放多了，那個菜又太淡，但是妳的老公並沒有站在妳的這邊，而是跟著他媽一起說妳的不是。

妳在生孩子的時候，婆婆堅持要自然產，而妳不願意自然產，妳老公乖乖聽媽媽的話，跟醫生要求堅持自然產。

孩子做錯事，妳教育他，婆婆卻當著孩子的面朝妳發火，而妳老公也說妳沒帶好孩子。

妳跟老公有了爭執，老公不是想方設法地哄妳，而是到他媽媽面前告狀，然後母子兩個一起對付妳，開批判會……。

這不是隨意的揣測與幻想，而是實實在在發生在我們身邊的真實案例。

女孩，這些，妳能應對嗎？妳能忍受嗎？

一個真正值得嫁的男人，一定是有獨立思考能力的男人，是一個有擔當的男人。這樣，兩個人才能相處不累，婚姻才會長久。

所以，碰到「媽寶男」，不管他條件有多好，請繞道走。

結了婚的女人，一定要有點錢

01

我媽平日住在我這裡，照顧我和孩子。漸漸地，她和社區裡的一幫阿姨處得熟了，一有時間，她們就相約去逛街、散步、打牌。我也樂意我媽多出去走走，多接觸人，這樣才不寂寞。

有一天，我媽和另外三個阿姨一起去三井巷吃鴨血粉絲湯，一人一碗，一碗十塊錢人民幣。我媽搶著付帳，其他阿姨不讓，最後各付各的。

吃完之後，她們都表示已經吃飽了，晚上回家不吃晚飯。後來，我媽回家確實也沒吃晚飯。

哪曉得，隔天下午，我媽下樓跟阿姨們會合，發現奕奕阿姨沒有來，她的鄰居丁阿姨嘆了口氣，說：「別提了，奕奕阿姨被她的老公罵了……。」

眾人大驚，丁阿姨便告訴大家事情的原委。

那天吃完鴨血粉絲湯之後，奕奕阿姨回家做了一家人的晚飯，晚飯時，她沒吃。她老公覺得奇怪，便問她為什麼不吃，奕奕阿姨就實話實說了。哪知道她老公大發雷霆，大罵奕奕阿姨敗家，「拿買菜的錢去吃鴨血粉絲湯，十塊錢買點蔬菜回來炒炒，一家人可以吃得飽飽的……妳吃了成仙嗎？」

她老公的嗓門很大，毫不顧忌左右的鄰居，隔壁的丁阿姨聽得一清二楚，她還很自責，覺得不該拉奕奕阿姨一起吃。

丁阿姨還說，奕奕阿姨自打進了他家的門，就在她老公手下討生活，自己沒工作，她老公有退休薪資，錢都在他手裡存著，奕奕阿姨用錢都要跟她老公拿。還有，這麼多年，奕奕阿姨身上穿的衣服大多是她的小姑淘汰下來的舊衣服，很少買新衣服。

我媽不住地感嘆奕奕阿姨的日子過得委屈，明明家裡不窮，可是吃碗粉絲湯都要被老公抱怨。

我在心裡想：婚姻裡的女人，一定要有點錢，要不然一輩子靠男人，一輩子忍氣吞聲，等到年老了，連十塊錢都做不了主。

02

也許有人會說，老人家日子過得節儉，所以心疼這十塊錢，而年輕夫妻之間就不會這樣為錢計較。可是我想說，金錢是我們一生都逃不開的命題。不管什麼時候，女人都不要失去賺錢的能力，不要把沒錢當作理所當然，也不要相信男人說的「我養妳」這句話。

「我養妳」是有保鮮期的，並不是一生的承諾，總有一天，妳會發現這句話是多麼可笑。

再說一件真實的案例。

我的讀者沙拉週三找我傾訴，她和她先生小何是大學同學，畢業之後一起回到小城工作，買房、結婚水到渠成，之後生了一個女兒。

小何開了一家小型的廣告公司，每年賺不少錢，他乾脆讓沙拉在家專心帶孩子，做全職主婦，他信誓旦旦地說：「我是男人，我養我家的大公主和小公主。」

這句話聽起來是不是很暖心、很有愛？

可是，這樣溫馨美好的日子沒有持續多久。很快，沙拉發現向小何拿錢，小何給錢越來越不爽快，態度一次比一次不耐煩。

孩子的東西比較花錢，小何問沙拉是不是挑貴的買了。有一次，沙拉把當月的水電費帳單給小何看，小何下意識地問道：「怎麼要這麼多？」沙拉當時就愣住了。

上周日，沙拉弟弟的女兒十歲生日，沙拉想著作為姑姑總要表示一下。沙拉也不敢多拿，她跟小何提出包六百塊錢紅包給小侄女作為賀禮，而小何堅持只包三百塊錢。

沙拉不依，「我自己的親侄女，包三百塊錢太少了。」兩個人為了出多少賀禮錢爭執了起來，結果小何口不擇言，說了句：「妳有賺過一分錢嗎？花別人的錢妳一點都不心疼。」

那一刻，沙拉特別傷心，那個說著「我養妳、愛妳、寵妳一輩子」的男人，因為錢，成了「別人」。

我對沙拉說，很多恩愛夫妻會因為錢而鬧得不可開交，妳還年輕，不要失去自己賺錢的能力，女人一定要有錢，要有自己賺的錢，這樣才能活得更有底氣，在婚姻裡才能擁有話語權。

不管以後發生什麼事，有錢在手，也會淡定、從容很多，也會有重新開始的勇氣。

03

試想一下，結了婚的妳，假如手裡沒錢，妳還能做自己想做的事情嗎？

妳想踏著高跟鞋逛街，他卻說穿幾十塊錢的帆布鞋也是時尚；妳想請朋友吃頓飯下，他卻說這些朋友沒必要維繫；妳想來一次說走就走的旅行，他卻說小城的郊外也不乏風景……。

妳願意因為沒錢，只能在婚姻裡變得卑微？妳願意在妳最好的年紀，穿得差，用得便宜？真正美好的愛情都講究勢均力敵，長久穩定的婚姻也是如此。

夫妻雙方，你能賺錢，我也能賺錢，我們都有錢。你瀟灑，我貌美如花。麵包一起掙，責任一起扛，幸福一起找。

還有一點也很重要，婚姻裡的女人，自己有錢了，才能更有餘裕地孝敬自己的父母。正如沙拉所說，想給自己的親侄女包個紅包，都要跟老公拿錢，得看老公的臉色，特別像被施捨，這樣的滋味真的不好受。

有人說，你賺錢的速度要趕上父母老去的速度。我對這句話深以為然。

我自己能賺錢，我願意幫我爸買保健品，陪我媽逛街，給爸媽報旅行團，誰都干涉不了。就像那天我媽和阿姨們去吃鴨血粉絲湯，我媽搶著請客：「我來付帳，我女兒每個月都給我錢呢！」我相信我媽說這話時很驕傲。

作為女兒，我能讓我媽媽在外有恃無恐地請客，我也覺得挺自豪的。樹欲靜而風不止，子欲養而親不待。孝敬父母也需要物質支撐，尤其當父母有病有難的時候，能做到不需要仰人鼻息，盡自己最大的能力給父母周全的保障。

都說經濟基礎決定上層建築，一定的財富基礎和較高的賺錢能力，是你抵禦世事無常的籌碼。

婚姻就像一朵嬌豔欲滴的花，看上去美麗動人，卻總經不住風吹雨打。而你的錢，可以讓你挺起身子，可以為這朵花擋風遮雨，讓它開得更久更茂盛。

經濟不獨立，妳在家裡哪有底氣

01

深夜裡，好友佩佩說她表姐遇到事情了，平時最會勸人的我，今天沒話可說了。

佩佩的表姐叫妮妮，我經常聽佩佩提起。妮妮本來剛畢業是當護士，後來就認識了她先生。她先生長得一表人才，能力不錯，家境優渥，資產千萬，談戀愛的時候對妮妮百依百順，十分殷勤。

初出校門的妮妮沉浸在愛河裡，在二十歲那年便和先生結了婚。先生信誓旦旦地對妮妮說：「把工作辭了吧，我又不是養不起妳。」妮妮十分感動，熱淚盈眶，多好的男人啊！再想想護士的工作又辛苦，賺錢又少，還經常受氣，於是，妮妮果斷地辭職了。

說句不算題外話的題外話，我常告誡一些女孩：在婚禮上別忙著感動，別為燈光、鮮花、鑽戒感動，別為多了一對爸媽感動，別為愛情有了一張證書感動……，那只是生活的廣告看版和賣家秀，就像速食麵口袋上的一行小字「圖片僅供參考」一樣。

還沒有跟公婆相處，妳還沒生孩子，妳還沒啟動後續章節，妳不知道生活除了風花雪月外，還有一地雞毛，妳不知道自己的選擇會帶來什麼樣的結果。

還是說回妮妮。當妮妮辭職在家做少奶奶的時候，我們還挺羨慕她的。

婚後不久，妮妮就懷孕了，先是生了一個兒子，又生了一個女兒。雖說家裡有保姆，但是妮妮一點也不輕鬆，畢竟先生忙於生意，顧不到家裡，妮妮全心全意地照顧兩個孩子的學習和生活，對雙方的父母也是孝敬有加。

作為表妹，佩佩倒是經常勸妮妮，年紀輕輕別待在家裡做家庭主婦，可以去姐夫公司裡幫幫忙，做個出納或是別的職位。但是妮妮不聽，她覺得這樣挺好。反正不缺錢，男人每個月給她生活費。

02

當男人在外有女人的風言風語傳到妮妮的耳朵裡時，妮妮不是沒哭過、鬧過，但先生矢口否認：「妳在我家不愁吃不愁穿，怎麼管那麼多啊？」妮妮瞬間噤了聲。

再後來，事情瞞不住了，家裡人都知道妮妮的先生幫小三買房買車，小三的孩子已經兩個月了，急等著進門。

男人跟妮妮攤牌，孩子都歸他，他給妮妮一筆錢，要跟妮妮離婚。

妮妮聲嘶力竭地控訴：「我這麼多年一直照顧著全家老小，你就這麼報答我？」

誰知道，她那強勢且護短的婆婆直接回道：「是我兒子在養妳，養著這個家，妳賺一分錢了嗎？妳有什麼資格跟他發火？」

妮妮啞口無言。是啊，自己確實沒賺錢。就算生了孩子、照顧老小、操持家務，一直在全心全意地為家付出，但在家人眼裡，還是「沒賺一分錢」的寄生蟲。

經濟不獨立，妳在家裡哪有底氣？

妮妮捨不得兩個孩子，但是她獲得孩子撫養權的希望渺茫。且不說男人爭奪撫養權的強勢態度，就憑她現在的處境，假如離婚了，別說撫養孩子，連自己的生活都成問題。

想離婚，捨不得孩子。不離婚，變心的男人拉不回來，以後的日子也艱難。

一個女人，在婚姻裡腹背受敵，卻沒有離婚的勇氣，這就是被衣食絆住了自由。

「我養妳」真的是特別動聽的情話，很容易就叫人頭暈目眩，火花四濺。但是說實在的，世上的男人，除了自己爸爸說「我養妳」，妳能百分之百地相信，別的男人說「我養妳」，妳當情話聽聽就好了，千萬別傻乎乎地相信。妳要是真的信了，並且真靠男人養著，妳會發現那個所謂的「我養妳」，指的是「妳安心在家做飯、洗衣服、帶孩子、伺候公婆」，而不是「妳安心去美容、去逛街購物、喝下午茶、練瑜伽」。

妳在家帶孩子、做家務不比上班輕鬆，常常累得不行，但是在男人和公婆眼裡，他們會認為：男人養著妳，妳天天在家有什麼好累的？

當妳真的沒有自己的工作或事業，妳花著別人的錢，妳就得做好隨時被別人轟走的準備。

經濟基礎決定上層建築，實踐在生活的每個角落裡。

經濟不獨立，生活就會撕開殘忍的外衣，讓妳措手不及，淚飛如雨，卻無能為力。

03

我這麼講，並不是說女人不賺錢就沒地位，也不是說家庭婦女不如職業女性，我身邊也有好多全職媽媽，她們家庭和睦，其樂融融。

我只是告訴大家，凡事總有特例，要想到最壞的結果。

很多時候，那些賺錢的人是不會體諒那個在家一直默默奉獻的人的，他們覺得，既然我養了妳，妳所做的一切都是理所當然的。

當妳為了水電費跟他拿錢的時候，當妳為了一支心儀的口紅開口索要的時候，當妳為了孝敬自己爸媽向他伸手的時候，就要做好被責怪、被揶揄、被拒絕的準備。

魯迅先生曾寫過對《娜拉走後怎樣》的思考，他說，如果口袋裡沒錢，不外乎兩種結局：一是回來，二是餓死。

是的，妳自己能賺錢，想買什麼就能買什麼，但如果妳沒有一個固定的收入來源，就不能隨心所欲地做妳想做的事、買妳想買的東西了。

經濟上的不獨立，意味著妳要天天看著別人的臉色過日子。

也許妳會說，過得不開心，那就離啊。我想告訴妳的是，許多女人並不是不願離，而是不敢離。

04

前幾日，一個女性讀者向我傾訴，她和妮妮一樣，也是全職媽媽。她說她感覺婚姻沒有安全感，自己在家帶孩子，老公在外面做生意，她總是擔心老公會不會拈花惹草，包養小三，老是胡思亂想。

於是，她向老公提出，把做生意的資金全部轉到她的名下，美其名曰：我沒辦法看住你的人，我就管住你的錢。

很顯然，她老公拒絕了她的要求。

這和他愛不愛妳、出不出軌沒什麼關係。因為妳連養活自己的能力都沒有，實在沒有辦法把資金全部交給妳打理，他不信任妳的能力。

一個女人要想活得漂亮，就一定要經濟獨立。只有這樣，妳才能挺直腰桿、理直氣壯地追求自己想要的東西。自己足夠強大，才有在感情中平等的資格。

我有一個女性好友，她是一家知名餐飲店的經理，收入不菲，老公也很能幹，賺錢多又寵她。照理說，她家經濟寬裕，生活幸福。可是她還是在朋友圈做起了微商，代理一家知名的化妝品品牌（說實話，我對微商並不反感，虛假欺騙的微商固然讓人討厭，但那些以誠信為本、貨真價實的微商讓我敬佩不已）。我經常看她勤奮地發文，下班之後去發貨送貨，忙得緊張而充實。

有一次我開玩笑地對她說：「妳老公那麼寵妳，妳還這麼拼命賺錢幹什麼？」她告訴我說：「他有錢是他的本事，他給我錢，我照樣笑納，但是我自己也要有賺錢的能力，這樣在婚姻裡我才有平等對話的資格和更多選擇的權利。」

是啊，自己有錢，才能從容，才有底氣，才能更能享受生活。在面對任何狀況的時候，都不會因為物質而束縛住自己的手腳。

05

親愛的女性朋友們，不管妳外表條件如何，不管妳家境如何，都要牢牢記住：妳必須有自己獨立的工作和經濟來源。

這帶給妳的不只是錢，更是獨立的人格。

妳有自己的朋友圈子和奮鬥目標，不會讓妳越來越失去自我，不會讓妳和這個世界脫軌，妳會活得越來越精彩，變得越來越優秀。

感情是把心交給別人掌握，而事業才是牢牢掌控自己人生的籌碼。

就算有一天全世界都拋棄了妳，至少妳的事業不會將妳拋棄，而且還能給妳一份物質保障。

長得漂亮是優勢，活得漂亮是本事！

經濟獨立的女人，才是最美麗、最有智慧的女人。

遠離心窮的男人

01

我看到這樣一則駭人聽聞的新聞：

萬某與妻子小芳於某年六月二十日登記結婚，夫妻倆在市區開了一家大排檔店。七月六日晚上八點左右，店內一桌客人消費了兩百七十五塊錢。

萬某拿走了客人結帳的兩百七十五塊錢的餐費，小芳跟丈夫討要遭到拒絕，夫妻倆為此發生激烈的爭吵。在吵架過程中，萬某竟然拿錘子將店鋪空調外面的水泵外殼砸了個洞。小芳既生氣又害怕，打電話給表姐和表姐夫。

沒過多久，表姐夫老石、表姐阿鳳和他們的兒子小石，一家三口就開車趕了過來。話不投機，萬某與老石一家也發生爭執，雙方互有一些拉扯行為。

情緒爆發的萬某從口袋裡拿出一把水果刀，對阿鳳的臉部劃了幾刀，阿鳳捂住臉倒在地上。接著，萬某又拿刀捅向老石的胸部，情緒完全失控的萬某又捅向小石。

聽到表姐喊「救命」，小芳趕上前去，卻發現表姐一家三口倒在血泊中，驚慌失措。

這時，她看見殺紅了眼的丈夫拿著刀衝了過來，她扭頭就跑，可還是被追上來的萬某捅傷了左肩、左臉。

旁邊賣水果的張大哥看到萬某在追趕小芳，就趕緊跑過去勸萬某住手。沒想到，萬某不僅不聽勸，還捅了張大哥胸部一刀。

後來，冷靜下來的萬某自己撥打一一〇報警，並在現場等待。

老石被送到醫院，因為被銳器刺穿胸部，導致主動脈弓破裂，引起大出血死亡。其他四人分屬輕傷、輕微傷。

據大排檔店房東反映，萬某平時脾氣比較暴躁，與小芳經常吵架，領結婚證的前一晚，兩個人還在吵。

最終，脾氣暴躁的萬某被泰州市中級人民法院判處死刑，緩期兩年執行，並被限制減刑。

02

兩百七十五塊錢的餐費歸誰，成了血案的導火索。後果是一死四傷，自己也落得鋃鐺入獄，兩年後執行死刑。

一次衝動，代價太大。

關於這起血案，群眾也是議論紛紛，表示萬某死有餘辜。

我看了新聞，也感慨萬千，為這個女孩感到不值：沒結婚時就知道男人的脾氣暴躁，做事衝動，為什麼還要嫁給這樣的男人？

而且，作為老公，居然連兩百七十五塊錢的餐費都捨不得給老婆，這樣的男人也就這點出息。

就算不發生血案，萬某和小芳以後的婚姻生活大概也不會太幸福。

這樣的男人，心窮。心窮的男人，格局太小，脾氣暴躁，他的世界裡只有自己，撐不起婚姻，維護不了家庭。

照理說，萬某和小芳才結婚不到一個月，正是新婚宴爾，蜜裡調油，即便萬某對小芳不百依百順，起碼也得哄著。

況且，看新聞，小芳也不是好吃懶做之人，跟萬某一起經營大排檔店，她是捨得跟老公一起吃苦的，而且她對小店付出的精力遠比老公多得多。

區區兩百七十五塊錢，他都捨不得給妳，還怎麼指望他將來為妳遮風擋雨？

真正愛妳的男人，只怕給得不夠，不愛妳的男人，還嫌妳要得太多。

03

想到之前微博上有一個很紅的故事：

博主在商場排隊買冰淇淋，看到一個孕婦跟她旁邊的男人說：「老公，我想吃冰淇淋。」男人走過去詢問了價格，一支十五塊人民幣，然後連忙拉起孕婦就走，孕婦不走。男人急了，向孕婦大喊道：「不能買！吃這麼貴的東西，十五塊錢夠我買一盒菸了，快走！」

「十五塊錢夠我買一盒菸了」，這句話多麼讓人心寒。懷孕的老婆嘴饞，只是想吃一支冰淇淋而已，卻不如他的菸重要，這樣的男人自私到了極點。

其實，很多男人並不是捨不得花錢，而是在花錢之前，他們衡量著這份錢花在這個地方或這個人身上值不值得。

04

俗話說：人窮三分冷，心窮七分苦。和一個身窮的人在一起，或許會苦一陣子。但和一個心窮的人在一起，卻會苦一輩子。

我有個閨蜜叫桃子，秉著愛情至上的原則，不顧家人反對嫁給了一窮二白的大程。

桃子是讀師範專業的，沒考上教師，在一家補教機構當老師，而大程沒固定工作，平時維修電腦。

當柴米油鹽揉進了愛情裡，一切都不一樣了。大程對事業沒什麼追求，有工作就做，沒工作就待在家裡玩遊戲。桃子在補習班忙了一整天，回家還要做飯給大程吃，還得打掃電腦旁的垃圾、菸灰。

桃子勸大程到公司應徵，可是大程眼高手低，他自由散漫慣了，不願意到公司裡受束縛。後來，大程看到別人炒股賺了錢，也不管自己懂不懂，就盲目地往股市裡投了一筆錢，妄圖發財。哪曉得一敗塗地，虧了本。炒股失敗的大程在家唉聲嘆氣，借酒澆愁，經常醉到不省人事。

當桃子勸大程找個穩當的行業時，大程朝桃子發火：「妳不就是嫌我窮嗎？那好啊，離婚吧！離婚之後妳去找有錢人吧！我告訴妳，像妳這麼拜金的女人，是不會得到幸福的！」桃子欲哭無淚。

後來，桃子想自己開補習班，讓大程也來幫忙，雖然苦一點，但也賺得多一點。可是大程堅決反對，他怕吃苦、怕投資、怕折騰。在他看來，桃子的薪資加上他自己賺的，一個月也有五、六千，夠用的了，賺那麼多有什麼用？

桃子不想安於現狀，又無可奈何，委屈和痛苦都寫在了臉上，她經常找我傾訴。她說：「工作累，家務累，也就算了，我最怕心累。」

是啊，一個心窮的男人背後，註定有一個心累的女人。

最可怕的是，和一個心窮的男人在一起，妳自然也會變得和他一樣，不僅心窮，而且身窮。

05

跟心窮的男人在一起，是很難有未來的。所以，真心希望所有的女孩在婚前擦亮眼睛，在選擇結婚對象的時候，一定要看清楚。

找一個心地善良、三觀相合的人，一起走入幸福的婚姻。

如果和一個心窮的男人結婚，那麼，人生將是一場災難。

聽說妳離婚了，恭喜啊

01

半個月之前，我的好友玲子打電話給我：「什麼時候有空？我們吃頓飯。」

我問：「有什麼事？」

她笑道：「我離婚了。兒子高考結束後，我拉著他去了民政局，領了離婚證。」

電話這邊，我也笑了：「真的啊？恭喜啊！」

真的不是我嘴賤，人家離婚，我還說出恭喜的話。而是因為我是玲子這麼多年來的婚姻生活的見證人。我知道玲子婚姻的酸苦辣，至於甜，幾乎沒有。

玲子是閃婚，婚後不久，他們夫妻就發現彼此性格不合，三觀不一致。玲子喜歡安靜，愛乾淨。而她老公喜歡熱鬧，臭襪子隨便丟，還把擦鼻涕的紙巾故意往床底下扔。這種自欺欺人的偽乾淨，讓玲子作嘔。

說起來都是小事，可這些小事像鞋子裡的沙礫，磨得腳痛，磨得腳起了繭。繭蛻皮後露出新肉，再一次經受著磨礪的痛。周而復始，惡性循環。

剛結婚，兩個人根本無法一起過生活，為了一件小事就能嘔氣冷戰，把最傷人的話貢獻給對方。把吵架當成常態，就算最簡單的話，都要吼著說。後來，他們不吵了，彼此對對方不再期待，視對方為無物。

不會包容，不會體諒，所有的不堪和不滿都被放大，心裡憋著一個委屈的氣球，越來越大，悶得慌。

憋屈，疼痛，忍耐。在瑣碎的生活中，兩個壞脾氣的人，互相看不順眼又捨不得斷腕再來。前途是張網，看不到方向。

玲子不是不想離婚，只是年輕時考慮到父母的期待、孩子的成長、親友的看待，讓她猶豫再三。每次都是鼓足勇氣伸出離婚的觸角，又像被燙了似的縮回來。這樣蹉跎，半生已過，終於到了忍無可忍的地步。

他們約定，等到孩子高考結束，就去辦理離婚手續。

玲子說，她拿到離婚證，走出民政局，感覺天也藍了，樹也綠了，花也紅了……，連呼吸都格外順暢。玲子無比懊惱，早知道解脫的感覺這麼好，當初就應該在發現不合適的時候及時地終止婚姻。

「所以，離婚真的是一件值得恭喜的事。」玲子說。

02

我曾經跟我的好友小安探討過離婚的話題。

小安是人民醫院的護士，她打了一個比方：不好的婚姻，彷彿長在胸口的一個瘤，妳眼睜睜地看著它慢慢長大，搞得自己寢食難安，恨不得切除而後快。但是衣服遮著，旁人又看不到，只覺得妳衣冠精緻，神采飛揚。只有妳自己知道，這個瘤讓妳有多難熬，它已經長大到令妳無法承受的重量。最後，瘤開始潰爛，流出的膿液，連衣服都遮不住，別人一目了然，心知肚明。

當妳想切除這個瘤的時候，別人會勸妳：

「好歹是塊肉。」

「都長了這麼多年了，都有感情了。」

「這個瘤又不會致死，切了幹什麼？」

瘤長在妳身上，痛苦是妳在承受，別人怎麼會感同身受？

這個瘤雖不會致命，但是會讓人發瘋。如果不趁早切除，隨著時間的發展，只會變成定時炸彈。時時叫人痛苦，時時讓人悔恨。等到一發不可收拾，妳會懊悔：假如早點切除，該多好！

是啊，早點切除，一刀兩斷，把不好的肉割掉，留下健康的軀體。雖然手術的地方會留下傷口，但是歲月是最好的醫生，隨著時間的流逝，傷口會結痂，疤痕會變淡，會消退，甚至完全看不見傷口。

這樣的煥然新生，怎麼能不被恭喜？

03

我的文友小寒，四年前帶著女兒離婚。

自從女兒出生，前夫一家就非常嫌棄這個孩子，對小寒也是冷言冷語。照顧女兒的責任，全落在小寒一個人身上。前夫不管是金錢還是關愛，幾乎都沒有付出，還在外面勾三搭四。

小寒有自己的工作，業餘時間，她在一家網站寫小說，額外賺取一點費用，畢竟孩子的生活開銷還是挺大的。小寒的文章寫得好，在網路上吸引了一批忠實的粉絲。每次小寒更新小說，文章下面一片好評。

唯一不和諧的聲音，是來自她的男人。他專門註冊一個帳號，用低級的言語公開詆毀小寒：妳寫小說不就是為了勾引網路上的男人嗎？

這句話讓小寒徹底涼了心。

原來，一味地忍耐，一味地委曲求全，並不會讓男人對自己好一點，他只會得寸進尺、變本加厲。

小寒憤然離婚，男方拿孩子要脅：「要孩子可以，必須淨身出戶！」

小寒冷笑著簽了字。

小寒說，離婚之後的日子，是她過得最舒心的日子。帶帶孩子，寫寫文章，悠閒而安靜，而且她現在並不急著再婚。

「不管離不離婚，孩子都是我帶，錢都是我賺。那我還要那個名義上的婚姻幹什麼？我要那個男人幹什麼？留著他欺負我嗎？」小寒說。

想明白了，離婚就不是洪水猛獸，就不是一件可怕的事情。

對於有些女人來說，離婚好比是滅頂之災，婚姻只要還能延續得下去，她們都願意忍氣吞聲。

可是，人齊心不齊的家庭，是完整的嗎？暴力的、不求上進的爸爸是孩子的榜樣嗎？

孩子生活在一個充滿冷漠和暴力的家庭裡，才是最糟糕的事情。倒不如分開，給自己一條生路，也給孩子一條生路。

04

婚姻幸不幸福，看臉就知道了。

好的婚姻，就像一盆開得旺的花，舒展著、張揚著、享受著。而不好的婚姻，就像把隔夜的剩菜裝盤一樣，再怎麼精心擺盤，都看得出用力的痕跡和無奈的嘆息。

我的讀者棉棉是個苦命的女人，丈夫家暴，稍有不順，就對她拳打腳踢。每次棉棉被丈夫打，都會找我哭訴，我要她報警，訴請離婚。可是，她不敢，為了孩子能有一個完整的家，有個爸爸。

就在昨天，棉棉發訊息給我：「昨晚他又打我了，往死裡打，我報警了……，日子過到頭了，我找律師幫忙談離婚，好多人勸我為了孩子別離婚，可是，不離婚的話，我這日子還有什麼希望？」

我對她說：「離婚是對的，將來的妳會感謝自己現在的勇敢。」

結婚要小心，離婚要恭喜。

有些愛，過去了就是過去了，永遠不可能回到當初。有些事，錯了就是錯了，永遠也無法再改過來。

當我們知道自己愛錯了人的時候，要記得及時轉身，那樣才有機會喘息，才有機會脫身，才有可能擁抱新生活。

離婚，可能會很痛。但不會痛一輩子。

寧當潑婦，不做怨婦

01

我家住在離學校不遠的一棟老房子裡，隔壁鄰居把房子租給了一戶人家。租戶的女主人買了一台機器，在家裡加工服裝。她經常敞著門在機器上忙碌，我出門看到她時，總是微笑著點個頭，算是打個招呼。

可是，有一次我下班回家，發現她把新買進的服裝原材料堆到了我家門口，像一座小山似的。我心中略有不爽，回家跟我媽抱怨：「招呼也不打，就把東西堆在我家門口，她家地方那麼空，還有一個大陽臺，為什麼不放在家裡？」

我媽勸我大器些，別跟她計較。我想想也是，雖說放在我家門口不太美觀，但不影響我開門。可是，每次進出，瞥見牆邊有一大堆原材料，心裡總是不舒服。更不爽的是，還在我家門口散落著好多廢棄的邊角料，還有一些生活垃圾。我媽看見一次，就拿掃帚去掃一次。

到了學校，我還把這事跟數學老師吐苦水：「妳說怎麼辦？遇上這樣的鄰居。」數學老師聽我抱怨多了，便說：「妳直接跟鄰居提出來，別把東西堆在妳家門口。」

我想提呢！我在心裡打了無數次草稿，要向鄰居提出來，可是又不好意思。你看，我就是這樣，明明是別人不對，卻開不了口。

後來，夏天來了，天氣本就悶熱，門口堆著一大堆東西，我看著心裡更是悶得慌：鄰居家裡清清爽爽，把我家門口當倉庫？

更令我忍無可忍的是，在孩子的午睡時間裡，鄰居的機器還在「嗡嗡嗡」地響。門開著，聲音源源不斷地傳到我家，我兒子在床上翻來覆去睡不著。

這下我不忍了，我鼓起勇氣，來到鄰居家，明確告訴對方：第一，不要在休息時間開動機器，擾民；第二，麻煩把堆在我家門口的東西搬走，門口我要放鞋架。

女主人不樂意了，嘟囔著：「放在妳家門口，又不影響妳進出。虧妳還是個老師呢。」

一聽這話，我立刻火了，跟她說：「老師怎麼了？老師也是普通人，也要吃飯過日子，也想要個舒服的居住環境。」

我還告訴她：「上班期間開動機器，我不管。在午休和晚上休息時間，假如再開動機器，那我就報警，投訴妳私自在家開業，嚴重擾民。」

事情的結果很圓滿，當天晚上，我家門口的雜物就沒了，門口清爽了，我的心情也舒爽了！而且在那之後，午休時間再也聽不到機器響。

我知道她可能在心裡罵我，但那又怎麼樣？

我不是不好說話，我向來與人為善，但我不能為了成全別人，而拼命委屈自己、委屈家人啊！

02

作為一個情感博主，我經常收到女性朋友的傾訴。說起來，全是婚姻裡的委屈。

於是，我常常把這句話講給她們：在婚姻裡，寧當潑婦，不做怨婦。

面對不公和委屈，要學會自我保護，維護自身的利益，適當反擊，別人才不會欺負你。

我有個讀者告訴我關於她的故事。她和老公談了三年戀愛後結婚，在他們談戀愛的時候，未來的公婆就說沒能力幫兒子買房子，要他們年輕人自己賺錢自己買。

女孩向來溫婉善良，也不想一結婚就戴上啃老的帽子，再加上跟男友確實感情好，兩個人便齊心協力一起存房子的頭期款。最後女孩和男友各拿出自己的積蓄，女孩的爸媽也掏了十萬人民幣，終於貸款買了一間房子。

結婚之後，新房子交屋了，小倆口拜託公婆幫忙在新房子裡監督裝修，可是公婆說沒空，一次都沒露面，也一分錢都沒出。女孩只好讓自己爸媽時不時地去看一下裝修情況，自己也忙裡偷閒地去新房看一下進度，總之勞心勞力。

新房裝修好了，小倆口搬家了。就在搬家的第二天，公婆不由分說也搬了進來。

女孩忍了，她從小接受的教育，就是尊老愛幼，寬容大度。

她對婆婆好，吃的穿的用的，什麼都買。家裡的開支都是小倆口付的，連買菜都向他們拿錢。

可是，住在同一屋簷下的公婆還是不肯消停，時不時地作怪，經常在兒子面前說媳婦的不是，顛倒黑白，還時常發給兒子關於媳婦不孝順的文章或者影片，挑撥是非。

女孩氣得回家哭，她媽媽勸她忍一忍，退一步海闊天空。她又忍了，但心裡的委屈憋得像氣球，越來越大。

夏天到了，小倆口晚上開著空調睡覺，婆婆每天早上四、五點，直接推門進他們的房間關空調。女孩要把門反鎖，老公說：「都是自家人，反鎖門是什麼意思？妳讓我媽怎麼想？」

女孩都快瘋了，明明自己賺錢付電費，空調都不讓她開，這還是人過的日子嗎？

03

最讓女孩忍受不了的事情來了！

經常，女孩下班回家後，發現家裡多了一兩個不速之客，都是婆家的親戚們，來城裡住幾天。而女孩事先根本不知道。

裝潢考究的新房子裡，三天兩頭地住著這個表姐那個表叔，把家裡搞得一團糟，吃的用的全是小倆口的開銷。有時候，公婆回鄉下了，家裡的鑰匙還會到了親戚的手上。

有一天，女孩下班回家，鑰匙開不了門，發現大門從裡面被反鎖了，她還得拍門喊人開，最後婆婆陰沉著臉開了門。

女孩憋著一肚子火進門，進臥室換衣服，看見床上被子凌亂。毫無疑問，趁自己上班的時候，公婆或者親戚睡在她的床上。再看餐廳，公婆和倆親戚已經開吃開喝了，桌上一片狼藉。

女孩辛辛苦苦上了一天班，累得要死，回家還看到這樣糟糕的畫面。她忍無可忍，一下子爆發了！

她對親戚說：「請你現在就離開我家！再不離開，我就報警！」

親戚見向來溫順的女孩突然發火，只得悶聲悶氣地收拾東西。公婆面子上過不去了，攔住親戚：「你別走！」又質問女孩為什麼趕親戚走：「人家來城裡辦事，住幾天怎麼了？」

女孩不知道哪裡來的勇氣，朝公婆吼道：「是你家的親戚，又不是我的親戚，我根本不認識。你們要做好人，你們買房子去給親戚住，想住多久住多久，我的房子不允許任何陌生人糟蹋！」

親戚灰頭土臉地走了。

婆婆火了，大罵女孩：「妳的房子？這房子是我兒子買的！」

女孩冷笑道：「去看看房契上有沒有我的名字，我的房子我做主！以後在家裡，我要鎖門就鎖門，我願意開空調就開空調，誰也管不著，我又不是不賺錢。那些一分錢沒花的人，沒資格指手畫腳！」

婆婆被氣個半死，慫恿兒子跟女孩離婚：「你怎麼娶了個潑婦回來？」

女孩一鼓作氣：「以後別發挑撥兒子和兒媳婦的文章和影片了，我都有看到，要是妳兒子離婚了，妳以為日子就好過了？」

「要離婚也行，反正這樣的日子我也受夠了。買房子多少錢，裝修多少錢，該給我的，一分都別想少！否則，我就去法院起訴。大家都別想有好日子過！」女孩發狠完，又狠狠地瞥了老公一眼，老公默不作聲了。

那之後，公婆對女孩忌憚多了，家裡再也沒有出現亂七八糟的親戚。

老公在背後埋怨：「以後跟親戚們該怎麼相處？」

她笑了：「我知道親戚間傳開了，說我是個潑婦。可那又怎樣？傳開了才好呢！省得來煩我，打擾我的清淨日子。我又不靠這些親戚過日子，相處好不好有什麼用！」

是啊，人善被人欺。一味地忍讓，換來的是自己無限的委屈，一輩子的窩囊。

你不還手，人家永遠把你當病貓。你若反擊，頓時撥雲見日，天朗氣清。

04

我又想起了我一起長大的朋友文慧。

從小到大，別人給文慧的評價就是倆字：潑辣！

小時候，我跟她同桌，坐在後桌的男生調皮，老是拉扯我們的長辮子。我只會委屈地哭，文慧「嗖」地站起來，跑到後桌，把他們的書本和鉛筆全丟在地上。之後，男生再也不敢扯我們的辮子了。

大學畢業之後，我和她分在不同的學校教書，都是新人，難免會遭遇煩心事。面對主管的安排不公，我只會唉聲嘆氣，找她吐苦水。

而她呢，在開學分班的時候，她的班裡有好幾個上學期的「三好學生」無緣無故被調到其他班，那個老教師以為她是新教師會忍氣吞聲，不敢造次。哪曉得，她拿著名冊直接鬧到校長室要個說法，獲得校長的支持後，徑直去隔壁班把孩子帶了回來。從那以後，主管對她另眼相看，不正直的同事也不敢排擠她。

在很長一段時間裡，我只會忍氣吞聲，相當鬱悶。而她工作起來順風順水，通暢無比。

我身上缺少她的「潑婦」勁兒。

其實，那些欺負你的人大多欺軟怕硬。他們就像彈簧，你弱，他就強；你強，他就弱。

05

人們常說，忍一忍，春暖花開，讓一讓，柳暗花明。

忍，是一種胸懷。讓，是一種氣度。

前人也教我們寬以待人，遇事要忍讓，要心地善良。這話是沒錯，生活中有很多事，沒必要針鋒相對，沒必要你死我活。有時候，忍讓和妥協確實是美德，放寬自己的心，避免衝突和摩擦，化解矛盾和疙瘩。

只是在生活中，有些人、有些事會逼近你的底線，打破你的原則，擾亂你的生活。這個時候，為了面子，為了息事寧人而一味地忍讓，只會換來自己難受和委屈，甚至還會換來別人的得寸進尺。

所以啊，我們自己要學會把握一個尺度，一個臨界點，什麼時候選擇忍耐和謙讓，什麼時候選擇拒絕和反擊。

人生難得，總為他人而忍，生活也不舒心，我們能做的，就是做好自己，這才是最正確的。

願每個人身上，都少些「怨氣」，多些「潑婦勁兒」！

6

努力的人，運氣都不會差

努力，是一個人最好的學歷。
人品，是一個人最硬的實力。
努力生活的人，永遠不會被生活辜負，
終究能活成讓人尊敬和佩服的樣子。

那些小善良，都是照亮生活的一縷縷光

01

之前有一段時間，周先生時不時地會收到短訊提醒，說他在鼓樓中路有違規，請他儘快交罰款。而在周先生處理完之後，過段時間又在同樣的地點有同樣的違規罰單出現，還是同樣的理由：機車違反禁令標誌指示。

周先生百思不得其解，按理說自己一直以來算嚴守交通規則，怎麼屢次出現違規？後來，周先生去交警大隊辦事，借機問了此事。交警一解答，周先生這才恍然大悟。

我家住在鼓樓中路，而周先生經常把車停在路邊等我下樓吃飯，總以為車上有人，沒熄火就不算違停，沒想到超過三分鐘就算違規了。說實話，我也一直以為車上有人就沒關係的，再說就一會兒的事，我相信有不少人也這麼以為。

再後來，周先生說，他每次回來看見樓下有人把車停在路邊，車子沒熄火，他都要敲敲人家的車窗，提醒車主超過三分鐘就算違停，會被罰款的。說時話，要是碰到脾氣不好的車主，說不定會怪周先生多管閒事。

有一天晚上，我們從外吃飯回來，暮色中看到一輛車子剛好停在路邊，周先生趕緊走上前去敲車窗：「這裡不能停車，會罰款的。」

對方說：「我去對面燒烤攤買點肉串，很快就好，再說車上有人的。」

周先生很執著：「不管有人沒人，停車超過三分鐘就要罰款。」

車主一聽，忙不迭地啟動車子，笑著朝周先生致謝：「謝謝你啊，多虧你提醒。」

周先生也朝人家揮揮手，滿臉得意，就像是做了件了不起的事似的。

「其實就是舉手之勞，卻與人方便，何樂而不為？」周先生說。

02

週五晚上，我和周先生去揚州看了一場張學友的演唱會，不愧是天王，演唱保持一流的水準，我是全程從頭唱到尾。

兩個多小時的演唱會結束了，我們隨著洶湧的人流移動。這才發現人頭攢動，舉步維艱，行走緩慢，而我已經是口乾舌燥，心裡像有一把火在燃燒似的，燒得嘴唇乾熱，燒得喉嚨冒煙。

「出去就有賣水的了。」周先生安慰我道。

可是，什麼時候才能出去呢？

我愁眉苦臉地抱怨：「好渴……渴死了……。」一遍又一遍，彷彿說了就不渴似的，其實越說越渴。

這時，旁邊一個穿制服的保安人員也許聽到了我的話，掏出一瓶礦泉水遞給我，「拿著！給妳喝！」

我大喜過望，都顧不上忸怩，不客氣地接了過來，「謝謝你！真是太感謝了！」

他揮了揮自己手上的半瓶水，「我喝的是這瓶，給妳的那瓶還沒開，放心吧！」說完，他就繼續疏散人群去了。當時他在我心裡的形象，簡直就是「大寫加粗」的「帥」。

這是真實發生的事，毫無虛構，令我非常感動。

我不知道他的姓名，就是一個普通人、陌生人，卻帶給另一個普通人、陌生人一絲溫暖，一絲善意。

我跟周先生說：「世上還是好人多。好心人一定會有好報的。」

03

有一天，我帶小鳥兒去逛街，去了熟識的童裝店買夏裝。

天氣炎熱，小鳥兒拿著一瓶飲料在喝。等到飲料喝完了，他要跑去外面把飲料瓶扔到路邊垃圾桶裡，卻被店員小姐姐喊住了：「給我吧。」

她拿過那個空的飲料瓶，扔在腳下的一個塑膠袋裡，我一看，裡面有十幾個空的飲料瓶。

我以為她要拿去當回收品賣，當時心裡在想：這小女孩還挺會過日子，曉得收集空瓶子，積少成多，現在這樣的小女孩可真是不多了。

可是過了一會兒，小女孩無意中看了一下店外，彷彿發現了什麼，連忙抓起腳下的塑膠袋衝了出去。我覺得奇怪，跟著朝外看去，只見外面垃圾桶邊站著一個弓腰駝背、穿著破舊衣衫的老奶奶，小女孩把袋子裡的塑膠瓶全部倒進老奶奶的編織袋裡，然後笑著回來了。

那一瞬間，我彷彿明白了，就順口問起小女孩這是怎麼回事。

小女孩笑著說，她以前經常看到這個老奶奶在店門口的垃圾桶裡翻飲料瓶，她年紀那麼大，還做這種又髒又累的工作，可見也不是個富裕悠閒的老人。

她說她給過老奶奶幾次錢，但後來老奶奶就不肯要了。再後來，她想反正老奶奶是撿瓶子的，她店裡人來人往，飲料瓶子不少，於是她就幫老奶奶收集起來，看到老奶奶來了，再一起給她。

「省得她在垃圾堆裡翻。」小女孩笑著說，眼睛笑出了兩彎月牙。

我在這家店裡買了幾年的衣服了，認識這個女孩時間不算短，但是那一刻，是我覺得她最漂亮的時候，我看到她身上有光。

04

有一天下午，我和小鳥兒在樓下的巷子裡打羽毛球。

巷子是個丁字路口，比較窄，難得有汽車通過。可碰巧，真有一輛汽車從北邊緩緩而來，我和小鳥兒連忙讓到路邊，讓汽車通行。

這時，巷子南邊卻來了一輛三輪車，三輪車上滿是收購來的廢家電，騎三輪車的是個老伯，正埋著頭費力地蹬著。

等他發現前面有汽車的時候，他趕緊停下來，下了車，打算推著車後退讓路。

沒想到，從汽車的車窗口探出一張婦女的臉，一張濃妝豔抹的臉，她朝著老伯說出的話，讓人覺得如春風拂面：「你別動！我往後倒車，讓你先走！」

老伯說：「沒事沒事，我讓妳。」

婦女不樂意了：「你車子上東西那麼重，你先走。我又不費力，只是踩一腳油門的事。」

果然，汽車緩緩地倒車，三輪車緩緩地前行。

初夏的陽光灑在這個小巷，一切和諧而美好。

我拉著小鳥兒的手，他也不由自主地捏捏我的手，我心裡明白，這些美好，小鳥兒看到了，也感受到了，他懂。

05

我們不是孤立的個體，在生活中，每時每刻都與身邊的人、事、草木、環境產生千絲萬縷的或偶然或必然的聯繫。

我始終認為，善，是人性中所蘊藏的一種最柔軟也是最有力量的情懷。這些看得見的小善良，讓自己活得快樂，也讓身邊的人活得無憂。

什麼是小善良？小善良就是給違規的司機一個善意的提醒；就是給陌生的女孩一瓶飲料；就是給拾荒的老人幾個空瓶子；就是給收廢家電的路人讓路。

小善良就是我家樓下的阿婆，見我家的衣服被風吹到她家陽臺，主動把衣服收好並送上來。

小善良就是看到路邊有乞討的老人，悄悄送他幾個零錢，幫他買點食物。

小善良就是騎車時發現前車的後座上東西掉了，自己停下撿起來，追上前車還給他。

小善良就是在下班的路上，看到路邊有老人賣自己種的幾根黃瓜、青菜時，不殺價，甚至說不需要找零了。

小善良就是在朋友圈裡見到需要捐款幫助的連結，點擊進去捐了錢，並不加自誇的成分再次轉發到朋友圈……。

這些，都是浮游在我們生活裡的小善良，像小小的花朵，花雖不起眼，但香味卻足以繞過花牆，越過籬笆，隨風鑽進每個人的心裡，甜絲絲的，讓人感到那麼愜意溫存。

這些都是洋溢在我們周圍的小善良，瑣碎而平常，世俗而簡單，我們只需付出那麼一點點舉手之勞，恪守那麼一點點人生底線，容忍那麼一點點小過錯，保持那麼一點點廉恥之心，秉承那麼一點點傳統。

許多小善，舉目可見，宛如寒冬裡的陽光，把我們的內心照亮，讓我們對溫暖的春天保持信仰和力量。

古人說：「勿以善小而不為，勿以惡小而為之。」小善是一種愛的傳遞，是一個人內心世界的漣漪。這些小善是一種日積月累形成的習慣，如同臺階，一步一步把做人的美德送往高處。

無論何年何月，善良永不過期；無論何時何地，好心永遠有好報。

善良再小，也是一縷陽光，照亮別人，也溫暖自己。

到了這個年紀，真的不想委屈自己

01

暑假的大部分時間，我都是窩在家裡寫文章，外面那麼熱，我實在不願意出門。飯呢，好解決，用電鍋煮點白米粥，鍋上蒸地瓜，簡單又不花時間。寫餓了的時候，米粥也差不多好了，我盛了一碗粥，從冰箱裡取出一個鹹鴨蛋。照例是只吃蛋黃的，蛋黃多好吃呀！醃出的油流得到處都是，口感沙沙的。不過凡是蛋黃出油的鹹鴨蛋，蛋白必定鹹得要死，我是不愛吃的，相信很多人都不愛吃。

雖然不愛吃，但是以前我是捨不得把蛋白扔掉的，再怎麼難吃也要吃下去，生怕浪費了。我總是小心地將鴨蛋圓滑的一頭輕輕磕幾下，剝去蛋殼，先吃蛋白，用筷子小心地一點一點地夾著吃，儘量不碰到蛋黃。每吃一點蛋白，就喝一口粥。直到蛋白快吃完了，蛋殼裡豎著一顆油亮的蛋黃，好誘人啊！彷彿只要用筷子輕輕戳一下，那油便迫不及待地冒了出來。這時候，我把整個蛋黃放入口中，細細地享受著這美味。

以前以為，這是對「苦盡甘來」的另一種生活化的詮釋吧。

而現在呢，我是敲開蛋殼，直接把蛋黃挖了吃了，餘下的蛋白連同蛋殼一起丟了。吃著蛋黃喝著粥，簡直就是一個爽字！

吃飽喝足，我想起了自己對待蛋白的前後變化，便發文問大夥兒：「這顯示了什麼？」朋友們紛紛留言，絕大多數回覆是：「妳根本土豪，有錢就是任性！」、「有錢了，生活品質提高了，富裕了。」

看到這些話，我偷偷地笑了，大夥兒也太看得起我，要是有錢，誰還喝粥吃鹹鴨蛋啊？這時，一個新回覆跳了出來，她說：「怎麼開心就怎麼來，做情緒的主人。自己喜歡、自己開心就好，不再委屈自己。」

好一個「不再委屈自己」！這正是我的本意！

只不過一個鹹鴨蛋而已，吃得起，也扔得起，我何苦跟一個蛋白較勁，勉強自己必須吃下去？吃蛋白的過程並不愉快，我只感受到那令人抗拒的鹹，和那份「不浪費」的自我安慰。既然不喜歡吃，那就不吃了。到了這個年紀，我才不願意委屈自己。

02

有人也許要笑我，區區一個鹹鴨蛋，也大費文筆寫篇文章。

其實啊，我也是吃飽了飯閑得沒事幹，突然有感而發，想說幾句心裡話。

我不是沒委屈過。正因為我知道什麼叫委屈，我才想告訴大家能不委屈就盡量別委屈自己。

數年之前，我和末末一起逛街，逛到一家金飾店，我看中了一個金手鐲，戴在手腕上就捨不得摘下來。不要說我虛榮，女人嘛，喜歡首飾是人之常情。況且我平日裡一向不愛穿金戴銀，可不知怎麼回事，那天我對那只沉甸甸的金手鐲情有獨鍾，愛不釋手。

末末也說戴在我手上好看，慫恿我買下來。可我一看價格，兩萬塊。當時我就猶豫了。兩萬塊，我有，我買得起，甚至包中卡裡的餘額夠我買好幾隻這樣的手鐲。但是我捨不得，我把生活往壞處想了，萬一有個大病大痛，這筆錢還能用得上。沒病沒痛的話，我再存著，說不定能湊頭期款買一間房，或者買輛車。而手鐲戴在手上不能吃不能用，做家務還不方便。

對，我就是這麼勸自己的。最終，我摘下了手鐲，交還給了店員，故作輕鬆地離開了。

那天晚上，包括以後的幾天裡，我一直對那只手鐲念念不忘，真的是百爪撓心。說出來不怕人笑話，我甚至在某天下班後一個人又跑去看手鐲了。

有那麼一刻，我都想掏出包裡的卡去刷了，不就是兩萬塊嗎？我又不是買不起。

但是，我控制住了自己的衝動，還是沒有買，走出金飾店時，我真的委屈到想哭。

後來，我跟末末說起了這件事，我說，到了我這個年紀，還在為一個手鐲糾結，被兩萬塊錢束縛住了手腳，不能隨心所欲，不能由著性子，畏首畏尾，我真是活得很失敗啊！

已經過去幾年了，我還時常想起這件事，隔著幾千個日日夜夜回頭望，我還是會黯然神傷。其實，就算沒有買手鐲，我現在的日子也沒有富到流油的地步。反過來想，假如當時把手鐲買下來，我的日子也不會因此變得更差。

如果一個手鐲能點亮自己的眼睛，讓自己的心情變得愉悅，讓生活變得鮮亮起來，何樂而不為呢？為什麼委屈自己？

這個道理我也是到現在才明白。

可惜，現在的手鐲在我眼裡已經失了顏色，我已經不感興趣，沒了渴望，就算買再多的手鐲也彌補不了當時的委屈。

03

說到「不委屈自己」這個話題，我想起了我的表姐卉卉。

卉卉膚白貌美，人很溫柔，說話和聲和氣的，從小到大都是乖乖女，人生也是順風順水。大學畢業後，我大姨和大姨父捨不得寶貝女兒在外地打拼，早早就動用關係替表姐找了一份清閒的差事。

表姐本不願意回來，二十年前有本科學歷還是相當厲害的，她學的專業又好，她想留在蘇南發展。可是拗不過父母的強硬的態度和哀怨的祈求，於是表姐就聽話地回來上班了。

那時候我還在泰興師範上學，常常趁著雙休日遛去表姐的公司玩，那個時候她的辦公桌上就已經有了電腦，我在電腦上玩紙牌。

表姐卻經常跟我抱怨，說她工作一點都不開心。每天到公司看看報紙，喝喝茶水，有工作就做，沒工作就閒聊，每天的工作流程都是一樣的，沒有新意，部門裡那些快退休的同事們和她做的是一樣的工作，她說她一眼就能看到她要退休的樣子……。她每天都在忍，感覺自己過得委屈極了。

當時我不是很能理解，我還想：多好的公司啊，事情少，薪資多，福利待遇又不錯……。表姐苦笑著對我說：「妳不懂。」

後來，一向乖巧的表姐悄悄地辭了職，義無反顧地去了蘇州。我大姨和大姨父成天在家唉聲嘆氣，我媽還時不時地去她家勸他們放寬心，年輕人都有年輕人的想法。

表姐在蘇州跟她的同學一起開了一家會計事務所。起步艱難，但是後來慢慢發展起來了，現在做得風生水起。

最後，表姐在蘇州立了業，成了家，生了個女兒，事業紅火，家庭美滿，把我大姨和大姨父也接過去了。

每次春節期間，我看到表姐總是容光煥發，是一副由內而外被滋養的模樣。跟記憶中那個唉聲嘆氣、苦著臉的表姐判若兩人。我心想：假如表姐不辭職，一直待在那個公司，物質生活應該也不差，但一輩子委屈了自己的心性，外表光鮮，內心荒蕪一片。

而表姐現在做著自己喜歡做的事，這才是真正的生活態度。

04

經常有讀者找我傾訴：

「我有個朋友情商不高，不會說話，還經常在錢上占我的便宜，你說我該怎麼辦？」

「公司的老員工老是指派我做這個做那個，明明不是我的工作範圍，又不好意思拒絕，你說我該怎麼辦？」

「我的一個同事老是搭我的順風車，為了去接她上班，我不得不提前五分鐘出門，唉……。」

「我男友像個孩子一樣，平時都是我照顧他，我已經成了他的『媽』，每次吵架，都是我去找他，想分手又捨不得，畢竟在一起兩年了……。」

「我老公就只知道吃喝玩樂，還經常家暴，我爸媽要我為了孩子，能忍就忍，你說我該怎麼辦？」

怎麼辦？怎麼辦？怎麼辦？

無數個小委屈，累積起來就是大委屈，你還能再忍得下去嗎？就算忍了，那也一定元氣大傷。

親愛的，不要再委屈自己了。

一個朋友、一個同事、一份工作、一個伴侶、一段關係、一場婚姻，假如需要你吞下委屈才能維持，為什麼不放過自己呢？別為了那些不屬於你的觀眾，去演繹不擅長的人生。

要學會愛自己，遵從內心去做自己喜歡的事情，不委曲求全，不刻意討好，不患得患失，有自己的原則和底線，不為難別人，也不為難自己。

人生苦短，別太委屈，多給自己發糖。

想做什麼就去做，不想做什麼就不做；想得到的就去爭取，不喜歡的那就放棄。少看別人臉色，多照顧自己的心情。

我現在對自己好的方式就是，按照自己的心意來生活，做自己喜歡的事情。

所謂不委屈，就是對自己好點。

努力的女人，到底有多美

01

我跟她從小就認識。

她個子跟我差不多高，精瘦精瘦的，頭髮留得很短，要不是因為穿著花裙子，猛地一看，她像個男生。

她的性格的確像男生，上樹抓鳥，下河撈蝦，泥裡扒山芋，全不在話下。我至今仍記得我站在一棵高大的桑葚樹下，眼饞地朝黑紅的果子張望，她卻雙手抱著不算細的樹幹直接爬到樹梢，連枝帶葉折斷幾根扔下來。我接過樹枝，摘下桑葚，趕緊往嘴裡塞。在我眼裡，她簡直就是女英雄一樣的存在。

但是，她媽媽卻不這麼想，經常在門口大嗓門地斥責她：「有點女孩子樣兒嗎？調皮搗蛋頭一個，妳要是像她一樣成績好，那就好了。」

她媽媽覺得她學習不如我，但我覺得，除了學業，她處處比我強。

她會用彩色的掛曆紙給小貓做裙子；她會用塑膠繩編各種手環、項鍊，簡直是巧奪天工。

小夥伴們在野炊的時候，也是她忙著堆簡易灶台，炒豆干絲，煮蛋花湯。

假如這些都是考試科目的話，她絕對名列前茅。

02

不知道你們信不信，有一種人，可能天生就不適合念書解題吧。她那麼古靈精怪的一個人，卻在學業上沒什麼起色。

常常，我做完作業去找她玩，看見她還埋在作業堆裡冥思苦想，面對眼前的題目手足無措，完全不是平日機靈的模樣。

有時，她也愁眉苦臉地問我：「妳說，我怎麼就學不進去呢？」我無言以對。

再後來，她參加中考了，就像進行了一場轟轟烈烈的戰役。戰爭結束後，有人哭有人笑。毫無懸念，她考了低分，連本鎮的高中的最低錄取線都達不到。

她倒是看得很開，對我說：「我本來就學不進去，本來看見書本就頭痛，現在總算有理由不去上學啦！」

對於她的落榜，她的爸媽自然是失望的，但是事已至此，只能面對現實。

她的家境優渥，爸媽雖然是農民，但頭腦靈活，他們率先在鎮上開起了餐廳，她大哥做廚師。店裡的包廂，每天都有滿滿的客人，賺錢不少，是鎮上少有的富戶。

既然她現在不上學了，她爸媽就理所當然地讓她在飯店當服務員，每天把客人迎來送往，在包廂間穿梭，端茶遞水，手腳勤快靈活。

她爸媽自然不會少給她零用錢，她吃家裡的，用家裡的，年底還給她一張數目不小的存摺。

我挺羡慕她，她卻告訴我，她不想再在家裡端盤子了。「我不能一輩子靠父母的餐廳，將來還要在哥嫂底下討生活。」

說這話時，她才不過十六七歲，有這番遠見和主意，讓我很驚異。

03

她真的不在家裡端盤子了，鐵了心地要學一門養活自己的手藝。她聯繫了一個同樣沒考上高中的女同學，得知她在蘇南某個服裝廠學裁縫，便收拾行李投奔她去了。

她和女工們一起住在一間屋子裡，每天工作十幾個小時，吃得差，睡得少，她卻一點不在乎。從鎖紐扣眼開始入門，她本就是心靈手巧之人，自然學得很快。

只是，幾個月之後，她媽媽去蘇南看她，一看她住的地方、吃的飯，當時眼淚就下來了。自己女兒哪受過這種罪，說什麼都要把她帶回家。

她勸說她媽，無果。只得收拾東西跟她媽回來了。

回家還能幹什麼呢？繼續在自家飯店端盤子。可是她知道端盤子不是長久之計，她得另謀出路。

突然有一天，她得知城裡有家美容院剛剛開業，招聘學徒，她立刻動了心，抽了個空，騎著自行車去那家美容院看了看，當即決定留下來當學徒。

那時，美容院還是個新興行業，整個泰興城區不過只有兩家而已。而她所在的這家美容院才剛開始做，前途未卜，還不知道能不能在市場上站穩腳跟。

美容院開在一個巷子裡，店面不大，樓上樓下才兩間屋子而已，店裡就老闆和她。老闆本身就是醫生，在美容美型方面很有研究。

既然當學徒，重點就在一個「學」字上。

這時候，她展現出了一個優秀學徒的所有特質，不怕苦，不怕累，一心一意，勤勤懇懇。每天早上第一個到店，晚上最後一個離店。打掃廁所，收拾整理，連白毛巾上的一點點斑漬都不放過，一定要重新洗一遍。

就算之後店開大了，她當了店長，依然每天如此，一直堅持了八年。

04

老闆見她勤勉懂事，也捨得教她，把一些美容的手法和技巧傳授給她。

說來也奇怪，她上學時學不進去東西，但在美容方面的領悟力極高，一教就記住了，自己還不斷地琢磨。

有一天晚上，她來我家找我，當時我躺在床上看書，她叫我別起來，「剛好，讓我練練手。」然後就在我臉上這裡擠擠，那裡按按，問我力道大了還是小了，舒服不舒服。

她告訴我，剛開始顧客都是衝著老闆的手藝來的，不願意讓她做，因為她是新人。於是，老闆幫顧客做臉的時候，她就站在一旁觀摩，在心裡熟記老闆的手法。

等到顧客做好了，躺著休息的時候，她主動提出給顧客增加額外的按摩，讓顧客體驗一下她的手法，虛心地請顧客幫著指導。

一來二去，顧客就接受她了，下一次來的時候，有些顧客會點名要她做臉。

再後來，店裡員工多了，絕大多數顧客提前預約時，會主動問老闆：「她有沒有空？我只認她的手藝。」

說實話，老闆也有私心，在針灸減肥上，老闆不怎麼教她，只說了個大概，教得不徹底。

等到老闆給客人做針灸的時候，她還是站在旁邊，默默地看，默默地記住穴位。等下了班，人都走了，她一個人在店裡，拿起針，往自己身上扎……。

後來有一次，老闆去南京辦事，有做針灸減肥的客人來了，見老闆不在，轉身要走。她跟客人商量，能不能讓她試試。客人見她誠懇，便同意了。哪曉得，那次針灸之後，客人說她做得比老闆還好，穴位扎得又準又不痛。以後客人再來，就放心地讓她做針灸了。

05

她告訴我，在學徒期間的薪資並不高，她也沒存什麼錢，因為她經常自費去南京、上海學習，報名參加一個個培訓，考取一個個專業證書。

我仍記得她每考到一個證，都會欣喜地拿給我看，還不忘揶揄自己：「當初上學的時候，我有這麼認真就好了。」

我告訴她，這個世界上，並不是只有讀書這條路是康莊大道，只要努力，到哪裡都能獲得成功。

當時我就感覺，她早晚會做出自己的事業。

她不怕吃苦，也不怕吃虧。

她一直簡直努力地練習手法，認為付出終會有回報。時間長了，顧客自然認可了她的手藝，而她，手藝也學到了，口碑也賺到了。

那家美容院，來來往往的女性顧客見她勤快、懂事、實誠，接觸了這麼多年，人品有保證，這些顧客還爭相介紹優秀的男人給她。

還真的成了！

一個各方面條件都不錯的人很欣賞她，追求她，後來兩個人結了婚，幸福美滿至今。

06

剛才劇透了，她在美容院做了整整八年，做到店長的位置，薪資也漲了不少，一年到頭都沒得休息。雖是元老級的員工，卻一直謙虛謹慎，對老闆恭敬，對其他美容師友善。客人們來了還是習慣性地叫她服務。

後來，在家人的支持下，她決定辭職，自己開家美容院。

她告訴我，雖說在老闆那裡積累了一定的人脈，但是，她沒有慫恿老東家的顧客來自己的新店，一個都沒有。

她跑遍小城，選定店面、裝修、找員工，熟門熟路，一氣呵成。

她爸媽替她擔心：投資了這麼多錢，能不能收回成本？她卻自信滿滿，相信自己能做好，能在競爭激烈的美容行業裡拼出自己的一席之地。

果然如此，短短幾年，她的美容院經營得風生水起，請了好幾個美容師。一個月就能賺到我一年的薪資。

她說，教學徒，她是傾囊相授，「人家是來學手藝的，我得盡心盡力地教會，將來人家要靠這個吃飯的。再說了，客人認可她們，對於我的美容院來說是好事。」

那時候，我已經在城區一家小學上班了，放學後，我常常繞到她的店裡找她聊天，她卻沒什麼空，要嘛自己在給客人做臉，要嘛在指導員工。

眼前的她，衣著時尚，談吐從容，笑容大方，看她專心致志地給員工講解的樣子，眼神裡全是光。

07

她熱愛自己從事的行業，通過自己的努力，讓家庭和事業平衡並雙豐收，她很有成就感和幸福感，這也算是一種成功吧。

像她這樣努力生活的人，永遠不會被生活辜負。

我寫她，並不是說「學歷無用」、「上學無用」。

而事實上，高學歷的人也有趨於平庸的，沒學歷的人也有奮鬥出新天地的，最重要的是看自己的努力。

努力，才是一個人最好的學歷。人品，才是一個人最硬的實力。

我們經常聽到一句話：越努力，越幸運。其實，哪有什麼幸運兒，那些所謂幸運的人，只是從來沒有想過放棄自己，從來都是要努力成為一個優秀的人。

別高估考試，別低估自己。

不升學，不等於不學習。不讀書，不代表沒出路。誰也阻擋不了你成為一個優秀的人的決心和追求夢想的步伐。

努力生活的人，永遠不會被生活辜負，他們會活成讓我們尊敬和佩服的樣子。

那個當年沒考上高中的女生，後來也能過得很好。她，就是我的堂妹。

我不漂亮，那又怎樣

01

先講一個糗事。

一個週六的傍晚，小安問我有沒有吃飯。我說還沒呢，準備在家隨便吃點。

她連忙說她有個飯局，是別人答謝她的，怕一個人尷尬，要我跟她一起出場，就說我是小安的表姐。

對於我這個哪裡有好吃的就往哪裡奔的吃貨來說，我當時遲疑了不到一秒，然後果斷說「好」！

到了飯店包廂，一桌人坐下了，有男有女，除了小安，其他人我都不認識。

席間，不知為何，突然有人提起我的名字，說我寫的文章還滿好玩的，我心中竊喜，手裡的大蝦也不忙著剝了，專心盯著那人，聽他怎麼誇我。

那人繼續說：「就是不知道真人是什麼樣子。」

旁邊立刻有個女的接話：「我見過，在小學門口接孩子的時候看到的，她送學生出校門。哎，也就那樣，她長得一般，不怎麼漂亮。」

當時我愣住了，彷彿一盆冷水從頭澆到腳後跟，內心涼涼的。

我向來知道自己不是個漂亮的人，但是別人當我面這麼說，我還是有點失落。

小安見狀，大既是想站起來隆重介紹我，被我一把拉住了，本來只有我一個人尷尬，要是讓人家知道他們嘴裡「不怎麼漂亮」的那個人就是我，那大家該多尷尬啊！

後來這話題被小安岔開了，但我內心還是略不爽啊。

親愛的朋友們，你們能理解我當時欲哭無淚、拼命壓抑的心情嗎？

02

沒錯，我就是那個長得不怎麼漂亮的女孩。

瞭解我的朋友們都知道我最怕什麼。對！我怕拍照，也怕別人跟我要照片。因為我對自己的容貌很不自信，甚至有些自卑。

我們自媒體群裡的許大V以前只要跟我要照片，我都說我手機裡沒有，是真的沒有！因為覺得自己不好看，我幾乎很少自拍。

許大V曾說：「那妳現在拍！」

我說：「不拍，拍了也不給，你想知道我長什麼樣子，無非是因為我寫了幾篇文章。可是你不會因為覺得雞蛋好吃，就想去認識那只下蛋的雞，對吧？」

許大V後來有點生氣，認為我不給面子。我實在沒辦法，只得如實相告：「我不發照片不是因為高冷，也不是為了故作神秘，主要是因為不漂亮。我要是長得好看，我早就把照片到處發了，告訴大家我除了錦繡文章，還是顏值擔當……。」

許大V瞬間原諒了我，可能也怕失望，以後再也沒提照片這茬。

無獨有偶，另一個大號「圖說興化」轉載了幾篇我的文章。有一次，圖說哥誠懇地要求我發張照片給他，他要把我的照片放在文末作者簡介裡，因為興化的粉絲們都想知道我長什麼樣子。

我很抗拒，接著忸怩了一會兒，半推半就地答應了。

我們學校美女如雲，比如唐晶老師，隨手一張自拍都能當桌面，可我自己拍照時會覺得很為難。反覆找角度，調造型，好不容易拍到一張稍微順眼的照片，還得用美圖秀秀App，又是柔光又是修圖。最後，我盯著那張不像自己的美照，覺得有欺騙大眾的嫌疑，良心上過不去。

後來，我只得鼓起勇氣對圖說哥說：「不好意思，我真的不能給你照片。」

03

是啊，我就是那個從小到大都灰頭土臉長得不怎麼好看，扔到人群裡不會被別人注意到的女孩。而且，在很長一段時間裡，我沒意識到「漂亮」對於一個女孩來說是挺重要的一件事。

上大學的時候，有一次學校大合唱比賽，需要一個指揮，音樂老師重點指導了我和王同學，在我們之間難以取捨，然後她問全班同學：「你們覺得誰指揮比較好？」大家異口同聲地說了王同學。於是我被淘汰了。

後來有個大專班的男生追我，他長得儀表堂堂，寫得一手好文章。但是我從小到大因為不漂亮而導致的不自信，已經在我心裡生了根。我那時在想：我又不漂亮，他到底喜歡我什麼呢？大概他也是個羞澀的人，來我們班找了我幾次，而我站在他面前含糊其辭，後來就不了了之了。

我也有過喜歡的男生，比我高一屆，只是暗戀而已，但羞於啟齒，直到他比我先畢業離開學校，我都不敢表白。

當然，現在的我早已明白，並不是長得漂亮才會有人追、有人喜歡，普通女孩也擁有一份屬於自己的「被喜歡」，可惜那時的我不懂這個道理。

畢業之後，我和同一屆的幾個同學一起分到同一所鄉鎮小學。有一次在辦公室，一個年長的女教師對我們幾個新教師評頭論足，說了小耿青春靚麗，誇了燕子的皮膚白皙，讚美了小敏的大長腿和雙眼皮……總之說到最後，都沒說到我，彷彿我不存在。

學校要舉行慶祝三八婦女節的文藝活動，主管找到我，要我寫主持稿並主持節目。當時我就表示，寫主持稿可以，但我不主持。學校漂亮女孩多的是，而我相對遜色，上臺的話會對不起觀眾，我還推薦了我心目中適合主持的女孩。而主管沉思片刻，也同意了我的建議。

人啊，有時候誠實得就是這麼可怕。

04

就算我是那個長得不怎麼漂亮的女孩，那又怎樣？

隨著年歲的增長，我越來越明白，我們生活中絕大多數的女孩子，都不過是長相一般的普通人，放在人群裡就看不見了。雖說沒本事靠臉吃飯，但也不至於到別人看到臉就敬而遠之的地步。

那些靠臉蛋吃飯的女孩，只是得到上天獎賞的少數人，而不夠漂亮的我，只是若干平凡人中的一員。

因為不漂亮，所以我從小就懂得好好學習、天天向上，用優異的成績來彌補外貌上的不足，也成為鄰居嘴裡的「別人家的孩子」。我成績好不是因為我聰明，而是因為我足夠努力。

因為不漂亮，所以我從小到大不會撒嬌。很早我就知道，撒嬌是美女們的專利，而我是沒有資格的。小時候，若想要什麼東西，我會拼命忍著，得不到也就算了。長大了，若喜歡什麼東西，我會用自己的能力爭取，就算噙著眼淚。

因為不漂亮，所以我不嬌氣，不耍小脾氣，不會有優越感。我擁有親和溫潤的性格，正是因為這樣的原因，我有不少朋友。

因為不漂亮，所以我不願意去麻煩別人。朋友們都說我足夠堅強獨立，文能寫文章，武能修馬桶，上能換燈泡，下能通下水道。

因為不漂亮，所以敢於自嘲，跟好朋友們聚會時，沒有美女們的形象包袱，可以很搞笑，可以是飯桌上的說故事的高手，是朋友們的開心果。

因為不漂亮，所以我特別喜歡讀書，不是說「腹有詩書氣自華」、「書中自有顏如玉」嗎？大概希望自己透過閱讀提升一點點氣質吧。除了閱讀，我還寫字、畫畫、跑步、下廚，不斷認識新的人，不斷接觸更多的新東西，發自內心地感受到自己的成長和變化……。

因為不漂亮，所以不相信所謂的好運氣。很多時候，更願意通過自己的努力、勤奮和自律獲得自己想要的東西。

因為不漂亮，所以我相信愛上我的人絕對不是因為我的外貌，而是被我的內在所吸引。這樣兩個人在一起，三觀會比較一致，也能走得長遠。

因為不漂亮，所以我會努力讓自己活得漂亮⋯⋯。

05

沒錯，我就是那個長得不怎麼漂亮的女孩，不過那又怎樣？人活著，也不是為了張皮囊，世界上總有比皮囊重要得多的東西，比如認真工作，比如努力生活，比如善待他人，比如珍惜當下。

我很慶倖自己沒有因為不漂亮而辜負時光，而是朝著自己想要去的地方狂奔。這一路走來，雖然跌跌撞撞，但竟然也收穫了充足、豐盈和美麗。

這種由內而外的自信，讓我有時候走在路上，看著商店的玻璃門上自己的虛影，竟覺得也沒有印象中的那麼不好看了。

漂亮的人，自然有漂亮的活法。不漂亮的人，也可以活得坦蕩自在，叫人羨慕。我的生活還算安穩幸福，工作上沒有出現什麼讓人為難的事，身邊的朋友越來越多，他們對我不錯，願意給我善意和耐心，也會給我讚美和肯定。這些讓我越來越相信，雖然我是那個長得不怎麼漂亮的女孩，但我也是個值得人認識並喜歡的人吧。

只要現在開始，一切都不算太遲

01

我曾說過，我有一段減肥失敗的經歷。

許多年前初夏的一天，我看到同事霞兒老師，原本略顯渾圓的身材清瘦了許多，立刻驚呼道：「瘦了多少？怎麼瘦的？」

霞兒得意地笑笑，神秘地說：「瘦了二點五公斤。」我當即在心中盤算著豬肉攤上的二點五公斤是多大的一塊，要是放在人身上一平均，整個人該是減掉了多厚的一層肉啊。

這麼一遐想，再捏了捏自己腰間的肥肉，更是對霞兒羨慕不已。

旁邊的章老師補充道：「霞兒每天早上送完上初中的兒子，就來學校操場跑步，放學以後還要再跑二十圈，並且堅持過午不食，要不然怎麼能瘦得這麼明顯？」

我盯著霞兒纖細的腰身，修長的大腿，棗核般的尖下巴，簡直佩服得五體投地，又問道：「妳是從什麼時候開始減肥的？」

霞兒掐指一算，「差不多一個月前吧……，笨蛋，我當時喊妳一起減肥的啊！」

她這麼一提醒，我果然想起來了，霞兒曾邀我一起跑步，互相監督，說是兩個人一起減肥才有動力。可我當時沒放在心上，或是覺得自己一大早爬不起來，或是覺得這事不急，等我做好準備之後再去實施，或是自己懶散且嘴饞……，總之就是沒跟霞兒一起健身、控制飲食。

看著眼前的霞兒越發勻稱的身材，再看看自己微微凸起的肚子，我心中哀嘆：要是一個月前我和霞兒一起減肥就好了，說不定現在也能減掉多少肉……。

02

其實我不是不想減肥，我比誰都想，尤其到了春天，我總叫嚣著要減肥，可實際上，行動甚少，效果甚微。

霞兒老師本身並不胖，經過一段時間的鍛煉之後，身上的肉更加緊實了，線條也出來了。原來，瘦身跟世上很多事情一樣，只要開始，只要堅持，便會有收穫。

霞兒的瘦身成功案例給了我警醒：為什麼別人能行，而我不行？

為這事，我後來細細地思考了一番，深深地檢討了一下自己。每天早上，當霞兒老師在學校操場上跟其他健身的老師一起慢跑，一圈又一圈時，我是賴在床上，能多躺一分鐘就多躺一分鐘。

當霞兒老師抑制住對美食的欲望，嚴格控制自己飲食的時候，而我呢，空有一顆減肥的心，奈何有一個吃貨的胃，一直縱容著自己的嘴。我的心裡總想著，這麼好吃的東西不吃，一定會天打雷劈的，吃完這頓再減也不遲。

別人減肥靠鍛煉，我的減肥靠意念。就這樣日復一日，別人的體重在鍛煉中慢慢減輕，而我的體重在遲疑中停滯不前——甚至還有越來越胖的危險。

三毛說：「等待和猶豫是這個世界上最無情的殺手。」

不只是我自己，我經常聽到身邊好友的抱怨：「要是以前開始學（做）就好了，現在說什麼都晚了，還是算了吧……。」、「想學畫畫，想考個學歷，但是現在年齡都這麼大了，就不好意思再學了。」

我們總是在等一個最合適的時機去做想做的事情，然後又一直在猶豫做這事還來不來得及，所以就在猶豫中錯失良機。其實，沒有什麼所謂的「最合適的時機」，如果一定要說有的話，那就是「現在」！

只要現在開始，一切都不算太遲！

03

我有一個朋友，他非常喜歡聽民謠，心心念念地想學吉他。他告訴我，他的這個念頭從大學時就有了，卻一直沒機會學。

他曾向我諮詢哪裡學吉他比較好，我推薦他推薦到我兒子學吉他的音樂教室去，教吉他的張老師也是我的朋友，費用優惠不少。

我以為我這個朋友終於能夠實現自己的願望了，心裡很為他高興。可是有一天，張老師卻在微信上委婉地告訴我，我那朋友去了兩次就不去了。

我連忙問我朋友怎麼不去了。他告訴我：「太難了，看到五線譜就頭疼，簡直比高等數學還難。」

他說：「學樂器這種東西，要從小開始培養，培養樂感和天賦。我和別人相比，開始得太晚，連基礎都不會，乾脆就不去了，還是讓我未來的孩子幫我完成這個心願吧！」

他還抱怨，要是在大學的時候開始學吉他就好了，那時候空餘時間比較多，也有良好的學習環境。而現在每天上下班，好不容易有假日，就想好好放鬆，聚會、喝酒、唱KTV，哪有時間和精力去學吉他？

我默默無語，也沒有勸說，我想他是真的放棄了，一個決心要放棄的人，是沒有任何辦法可以挽救的。

其實，我知道這個朋友很聰明，樂感很強，可他有了開始，卻不懂得堅持。把自己的放棄歸結為「開始得太遲，學習得太累，結束得太早」。哪有什麼太遲啊？年輕和激情是一種態度，與年齡沒有關係，只要有方向，什麼時候開始都不晚，人的潛能是可以挖掘的。當你說太晚了的時候，一定要謹慎，這可能是你退縮的藉口。

你說你沒時間，這也許是你坦然地安於現狀的藉口。你有時間滑微博，有時間聊微信，有時間追電視劇，但是卻沒有時間改變自己。只能說，沒有人能阻止你向前，除了你自己。

04

我又想起了我爸，我幫我爸買了一部智慧型手機。剛開始時，我爸是拒絕的，他不好意思地說：「我都這麼大年紀了，認字又不多，還玩什麼智慧型手機？」我告訴他，用智慧型手機就能跟我和我兒子視訊啦！

大概我爸希望可以看到外孫，於是他就像一個小學生似的認真地學習了起來，一個字母一個字母地認拼音，學打字……。

我媽笑著跟我說：「妳爸學習的樣子特別認真，他真心要做的事情，不吃不睡也要做好。」

後來有一天，突然有人申請加我微信好友，我點開一看，手機上顯示：我是爸爸。

我知道我爸成功了！

學會了用智慧手機、用微信的他，幾乎每天晚上都發影片給我，並且會在我的朋友圈下點讚，也會看我寫的文章。

此後，有什麼事，他也不打電話了，而是直接在微信上跟我視訊通話。

有一次我上完了語文課，一拿起手機，發現有兩個我請求視訊失敗的通知，緊接著是一行文字：中午早點回家，我做香辣蟹。

我不禁一笑，覺得心裡好暖。

而且，我爸下廚也是最近幾年的事，之前的幾十年他從來沒做過菜，可當他下決心做家裡的廚神的時候，他當真開始研究起菜餚來，把菜品做得色香味俱全，把一家人的胃養得享受且挑剔起來。

有一句話說得好：「只要你去追求心中的夢想，不管年齡多大，開始得有多晚，都會給你帶來不一樣的豐盈的人生，人生沒有太晚的開始。」

05

人生最痛苦的事情，不是失敗，而是我本可以做，卻沒有做。

慶倖的是，我們都還如此年輕，我們所過的每一天，都是生命中最年輕的時刻。遲到總比不到好，與其花時間去掙扎、去糾結，不如趁現在就好好努力，向前出發！

所有新的開始，無論什麼時候，都不算晚。

想閱讀，現在就捧起書。

想旅行，現在就邁開腳步。

想減肥，現在就控制口腹之慾。

想創業，現在就理清思路。

…………

人生沒有給我們太多光陰去蹉跎，與其徘徊迷茫，與其後悔觀望，不如走在路上。

就像我很喜歡的一句英文諺語：種樹的最佳時間是二十五年前，僅次於它的最佳時間是現在。

只要現在開始，一切都不算太遲。

高寶書版集團
gobooks.com.tw

高寶文學 057
先獨立，後愛人

作　　者　戴登雲
主　　編　楊雅筑
封面設計　黃馨儀
內頁編排　賴姵均
企　　劃　方慧娟

發 行 人　朱凱蕾
出　　版　英屬維京群島商高寶國際有限公司台灣分公司
　　　　　Global Group Holdings, Ltd.
地　　址　台北市內湖區洲子街88號3樓
網　　址　gobooks.com.tw
電　　話　(02) 27992788
電　　郵　readers@gobooks.com.tw（讀者服務部）
　　　　　pr@gobooks.com.tw（公關諮詢部）
傳　　真　出版部　(02) 27990909　行銷部 (02) 27993088
郵政劃撥　19394552
戶　　名　英屬維京群島商高寶國際有限公司台灣分公司
發　　行　希代多媒體書版股份有限公司/Printed in Taiwan
初版日期　2021年2月

本書由北京時代華文書局有限公司授權繁體字版之出版發行。

國家圖書館出版品預行編目(CIP)資料

先獨立,後愛人 / 戴登雲著. -- 初版. -- 臺北市：英屬維京群島商高寶國際有限公司臺灣分公司, 2021.02
面；　公分. -- (高寶文學：057)

ISBN 978-986-361-993-2(平裝)

1.自我實現　2.生活指導　3.女性

177.2　　109022338